ILLUSTRATOR LOGO DESIGN

일러스트레이터로
나만의 로고 디자인 만들기

**로고 디자인 기획부터
다양한 예제로 실습까지 완성**

이규동 지음

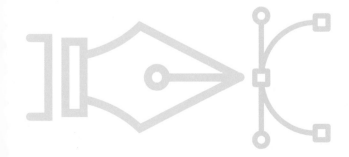

서문

먼저, 디자인의 디자도 몰랐던 저에게 비전공자 공대생에서 디자이너로 가는 과정을 인도해주신 예수님께 감사드립니다. 그리고 늘 하나님의 말씀으로 지도해주시는 오류교회 김은호 담임 목사님과 오류교회를 소개해주신 현승원 의장님께 감사드립니다. 또한, 부족한 저에게 출간을 권하고 1년간 다독이며 집필 과정을 도와주신 비제이퍼블릭 이동원 편집자님과 출간 마무리 작업을 진행해주신 최규리 편집자님께도 감사드립니다.

책을 출간할 수 있었던 결정적인 계기는 마이비스킷에서 진행했던 로고 디자인 관련 강의였습니다. 당시, 로고 디자인 콘텐츠를 제작할 수 있도록 많은 도움을 준 마이비스킷 장혜민 MD님께도 감사드립니다. 공간 디자인이나 영상 및 음악에 대한 다양한 시각을 일깨워주고 여러 부분에서 지원해주신 저의 멘토, 송재욱 대표님께도 감사의 말씀 전합니다. 또한, 퍼스널브랜딩에 대한 자문에 응해 주시고 격려와 도움을 주신 드릴에이전시 정성훈 대표님과 웰리더 안현주 대표님께도 감사의 말씀 전합니다. 그리고 집필 과정 중 항상 격려해주시고 기도해주신 마켓보로 박성현님과 에스킴컴퍼니 강희경님, 안양선민교회 백형진 목사님에게도 진심으로 감사의 말씀드립니다.

마지막으로 천국에 계신 아버지와 사랑하는 어머니, 우리 동생 영미, 물심양면 지원해주시는 송수근 장인어른과 안연숙 장모님, 하나뿐인 단짝이자 소중한 아내 은희, 그리고 우리 아들 시온이에게도 감사의 말씀을 전합니다.

저자 소개

이규동

20대 사업 실패 후 각종 노가다를 전전하다 디자인을 알게 되어 비전공자로 로고 디자인을 공부했습니다. 독학으로 습득한 기술로 1년 만에 200여 개 이상의 로고 디자인을 판매하였고 이후 배너, 상세페이지, 홈페이지, UI 등을 제작하며 퍼스널브랜딩을 시작했습니다. 현재는 디자인 N잡이 가능한 디지털 노마드의 삶을 살며 비전공자도 디자인으로 수익을 낼 수 있도록 다양한 강의를 하고 있습니다.

일러스트레이터를 다루는 기술만 알아도 로고 디자인 제작은 물론, 접목할 수 있는 분야가 정말 다양합니다. 이 책을 보는 여러분도 일러스트레이터로 로고 디자인을 직접 해보며 다양한 방면으로 나아갈 수 있기를 바랍니다.

- (현)시공인테리어 기업 (주)세움디자인 디자이너마케터
- (전)B2B SaaS 채용솔루션 스타트업 P기업 브랜드마케터
- (전)블록체인 R&D 스타트업 (주)온더 브랜드마케터
- (전) 데이터 커머스 스타트업 S기업 브랜드디자이너

- 크몽 프리랜서 디자이너 활동 중
- 클래스101, 인프런 등 로고 디자인 동영상 강의 런칭
- 경기대학교, 호서대학교, 광운대학교, 푸른숲발도르프학교, 안양 양명여자고등학교, 천안 북일고등학교 등 다양한 오프라인 강의 진행

목차

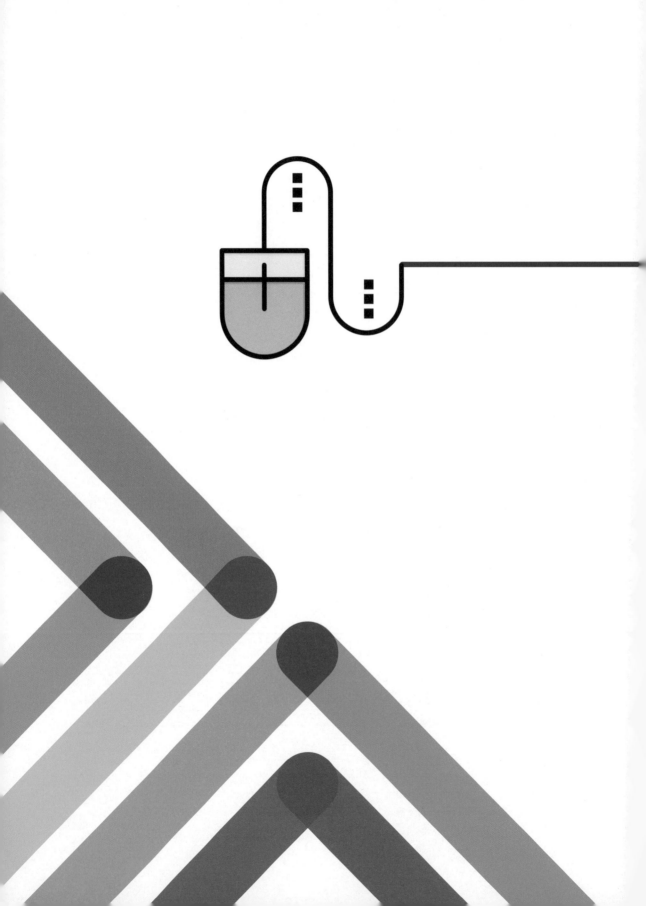

나만의 로고
디자이너 스토리

1.1 비전공자 로고 디자이너의 이야기

나만의 로고
디자이너 스토리

1.1 비전공자 로고 디자이너의 이야기

📍 실패를 맛보다

안녕하세요, 이 책의 필자 스탠리입니다. 들으면 아시겠지만 스탠리는 진짜 이름이 아닌 온라인상에서 사용하는 닉네임입니다. 필자는 대학교를 졸업하자마자 얼떨결에 정부지원사업에 선정되어 창업을 하게 되었으나 능력 부족으로 실패하였습니다. 이후 20대 후반에 취업준비를 하여 뒤늦게 이력서를 준비해 지원해 보니 나이 때문인지 졸업한 학과 관련된 취업준비에서 필자를 받아주는 회사는 없었습니다. 하지만 당장에 창업에 실패해서 얻은 빚과 생계를 꾸려나가야 하는 상황이었기 때문에 투잡, 쓰리잡은 기본으로 일을 하게 되었습니다.

낮에는 공사현장에서 일했고, 밤에는 물류창고에서 상하차 아르바이트를 했습니다. 그렇게 일을 하면서 한번은 늘 물류창고로 1시간 걸려서 이동하고 12시간이 넘게 근무한 후에 다시 1시간 걸려서 퇴근을 하는데 스마트폰으로 하루 급여가 입금이 되었다는 문자를 받게 되었습니다. 10만 원 남짓한 금액이었는데, 문득 그런 생각이 들었습니다. '하루 종일 서서 택배를 옮기고 일을 했는데 이렇게 일하는 방식 말고 비용은 더 많이 벌고 시간은 더 단축할 수 있는 그런 일이 없을까?' 그래서 우연치 않게 유튜브에 투잡 관련 내용을 검색하다가 로고 디자이너로 활동하면 장소에 구애받지 않고 수익을 올릴 수 있다는 내용을 접하게 되었습니다.

◉ 디지털 노마드

로고 디자이너에게 필요한 도구가 무엇이 있을지 검색해보니 일러스트레이터 도구를 배워야 한다는 사실을 알게 되어서 유료강의와 유튜브 영상을 보면서 로고 디자인을 배우게 되었습니다.

필자는 실패하긴 했지만 창업을 경험했고, 창업 시 배웠던 방식과 비슷하게 판매하는 방법에 대해 고민하게 되었습니다. 이 책에서는 온라인에서 판매할 수 있는 재능마켓 플랫폼에 관련된 내용 위주로 이야기하겠지만, 실제로 영업을 할 때는 온라인과 오프라인을 병행해서 영업

을 했습니다. 로고 디자인이 필요할 것 같은 분들에게 적극적으로 영업했고 비전공자였지만 로고 디자이너임을 적극적으로 설명했습니다. 극초기에는 포트폴리오가 없었기에 업체에 무료로 로고 디자인을 만들어 주기도 하면서 포트폴리오를 쌓았고, 그걸로 다시 영업을 하면서 유료로 로고 디자인을 판매하게 되었습니다. 초기에는 다른 업체들보다 제일 저렴하게 로고 디자인을 판매하면서 고객을 만났고 고객을 응대하는 방식에 대해 시행착오를 겪게 되었습니다.

예상 수익금	출금 완료 수익금
0 원	12,961,524 원

◉ 본업에 도움될 정도의 수익 달성

로고 디자인에 필요한 브랜드 아이덴티티까지 학습하고 영업하게 되면서 BI/CI디자인으로 30만 원, 100만 원, 300만 원까지 비용을 점진적으로 높일 수 있었습니다(재능마켓은 아무래도 중저가 시장이라 100만 원 이상을 받기는 어려웠고, 오프라인 비즈니스에선 그 이상으로 비용을 받을 수 있었습니다). 그렇게 비용이 늘어가니 자연스럽게 투잡으로 하던 물류창고 아르바이트나 공사현장의 일들을 줄여 나가기 시작했고 어떤 달은 아예 로고 디자인 일만 해도 투잡 이상의 수익을 벌 수 있게 되었습니다.

◉ 로고 디자인 강의 진행

필자 같이 비전공자들이 로고 디자인을 배워서 적게나마 투잡으로 수익을 벌었으면 좋겠다는 생각으로 '탈잉'이라는 강의 플랫폼에 제 강의를 올려서 수강생들을 모집했습니다. 처음에는 오프라인으로 하다가 최근에는 온라인으로 진행하고 있습니다.

김태경
2022-10-29 13:10:27

로고기능1시간+실습 1시간+재능마켓등록 총 3시간 동안 진행되었어요 ! 어도비 일러스트를 처음 접해서 손도 못댈까봐 걱정했지만 기능 하나하나 친절하게 가르쳐주셔서 실습때 바로 적용해보고 재능마켓등록까지 할 수 있었어요 긴 시간 동안 수고 많으셨습니다 유익한 수업입니다 !👍

♡ 0   💬 0   답글달기 ⌄

Claire
2022-10-04 13:57:40

어도비 일러스트레이터 자체를 처음 배워봤는데 주요 기능 위주로 쉽고 친절하게 알려주셔서 재미있게 배울 수 있었습니다 :) 잘 연습해서 멋있는 로고 만들어보겠습니다. 긴 시간 수고 많으셨습니다!!

강의를 하게 되면서 필자에게 유익이 되었던 건 두 가지였던 듯합니다. 첫 번째는 제가 개인적으로 알고 있는 것을 누군가에게 설명하려니 저 역시도 공부를 해야 된다는 사실이었습니다. 수강생분들이 어떤 도구가 어디 위치해 있는지 어떤 걸 만들고 싶은데 어떤 방식을 제작해야 될지 등 다양하게 질문을 하면 그 내용을 저도 학습해서 다시 알려드리는 식으로 진행했습니다. 초기에는 그래서 속도가 나지 않을 때도 많았고 어려움이 있었지만 일정시간이 지나니 수강생분들이 주로 어떤 부분에서 고민하는지도 알게 되었고, 다른 일러스트레이터 강의보다 제 강의가 어떤 차별성이 있는지도 알게 되었습니다. 저는 말 그대도, 전공자가 아니기 때문에 비전공자 관점에서 쉽고 그리고 빠르게 로고를 제작해서 부업으로 수익을 낼 수 있도록 돕는다는 점이 다른 강의와의 차별점이라고 생각했습니다.

따라서 두 번째 유익은 저의 강의를 통해 성장한 수강생분들 또한 저와 같이 수익을 내고 있다는 부분입니다. 정말 감사하게도 필자처럼 비전공자분들께서 일러스트레이터 도구를 배우고, 추진력이 있던 수강생분들 중에선 빠르게 로고 제작 후 판매마켓에까지 등록하여 짧게는 2~3주 길게는 2~3달 안에 평균 20~100만 원선으로 매출을 발생시켰습니다. 수강생들의 성과가 제 성과처럼 보람되고 기뻤습니다. 로고 디자인으로 투잡을 신청하신 분들의 직업을 보면 정말 다양했습니다. 가정주부, 공무원, 대학생, 직장인 등 많은 분이 제 강의를 들었습니다.

스타트업 취업 성공

하지만 로고 디자인에 대한 수익은 고정적이지 않기에 필자에게는 안정적인 직장이 필요했습니다. 그래서 로고 디자인에서 얻었던 다양한 디자인 포트폴리오를 가지고 취업에 다시 도전하였고, 감사하게도 스타트업의 디자이너로 취업을 할 수 있게 되었습니다. 이처럼 로고 디자인은 필자에게 장소에 구애받지 않고 수익을 얻게 해준, 그리고 취업까지 도움을 준 귀한 분야입니다.

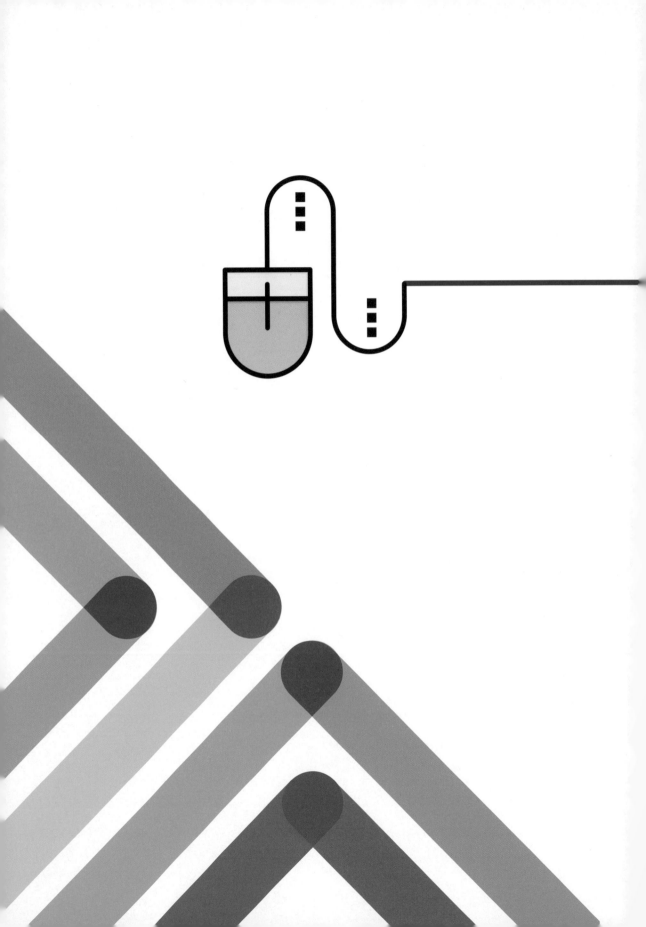

CHAPTER 02

로고를 만들 때
필요한 것들

CHAPTER 02

로고를 만들 때
필요한 것들

로고를 제작하기로 마음을 먹었지만 막상 어떻게 만들어야 하는지 눈앞이 깜깜하기만 합니다.
쉬운 듯 어려운 로고제작. 먼저는 로고에 관련된 정보를 얻는 것부터 시작해야겠죠? 지금부터
하나씩 설명하겠습니다! 참고로 이 책에서는 브랜딩에 대한 부분을 중점적으로 이야기하기보
다는 필자처럼 비전공자분들께서 일러스트레이터로 로고를 제작하는 부분에 포인트가 있음을
이해하고 내용을 봐주셨으면 좋겠습니다.

2.1 다양한 플랫폼 알아보기

내가 만든 로고를 어디서 판매할 수 있을까요?

로고 디자인 사업이 '핫'해지면서 관련 플랫폼들이 늘어나고 있습니다. 그중에서도 시장 형성
이 잘 되어있고 사용량이 많은 플랫폼을 알아보겠습니다. 최근에 고객들과 창작자들을 연결시
켜주는 플랫폼이 생기고 있는데 이런 플랫폼들을 '재능마켓'이라고 부르고 있습니다. 의미 그
대로, 재능을 판매할 수 있는 마켓이라는 뜻입니다.

♥ 크몽

크몽은 국내 재능마켓 시장에서 가장 브랜딩이 잘되었고 거래가 활발하게 일어나는 플랫폼입
니다. 2019년 누적거래액이 1천 억을 돌파했습니다. 크몽에서 소비자로도 서비스를 구매할 수
도, 판매자로 서비스를 판매할 수도 있습니다.

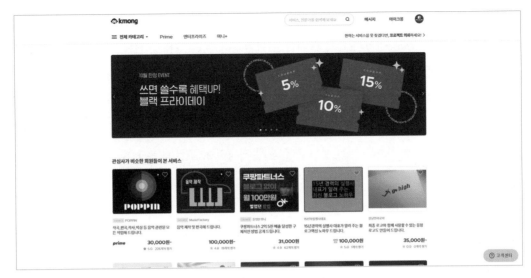

초기에 재능마켓에 서비스를 등록하기 전에 벌써부터 그런 마음을 먹을 수 있습니다. 이미 많은 업체들이 있을 텐데 나 같은 비전공자가 이 시장에 진입할 수 있을까?

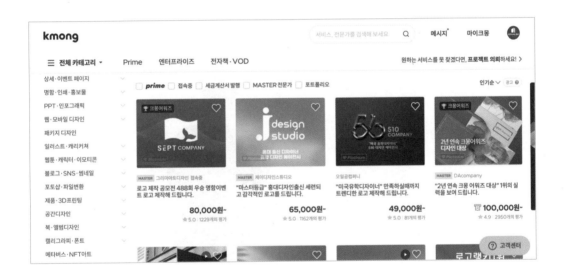

재능마켓 가운데 가장 활성화가 많이 이루어진 크몽에서 디자인 그리고 디자인 카테고리 중에서도 세부 카테고리인 로고 디자인에서 활동하고 있는 업체 혹은 프리랜서의 개수를 세어보면 총 800개 정도의 업체들이 있는 것을 알 수 있습니다. 이 가운데 절반 정도는 리뷰수가 거의 없

거나, 아예 없는 업체들입니다. 리뷰가 없는 업체들은 비활성화된 계정이라 가정하면 약 50퍼센트 정도가 중도에 재능마켓에서의 판매를 포기했거나 여러 사유로 진행을 하지 않는다고 판단됩니다. 따라서 약 400개 정도의 업체만 활동을 하는 것으로 짐작할 수 있습니다. 최근 크몽에서 대대적으로 고객을 유입시키기 위해 적극적으로 광고를 진행하는 것을 볼 수 있는데, 이런 활동들을 보았을 때 수요 대비 공급이 적은 시장이 로고 시장일 수도 있다고 조심스럽게 생각해봅니다. 그러니 이런 재능마켓에서부터 작게 시작하여 조금씩 로고 디자이너로서 성장할 것을 추천합니다.

숨고

숨고도 2021년 기준 가입자수가 500만 명 정도 되는 재능마켓 플랫폼 중 하나입니다. 숨고 플랫폼의 특징은 고객들이 원하는 로고 서비스를 올려놓으면 서비스 제공자들이 견적과 포트폴리오를 보내서 메시지를 주고받아 거래를 할 수 있습니다.

▲ 출처: soomgo.com

재능아지트

재능아지트는 다양한 재능을 구매 또는 판매하는 오픈마켓 거래 서비스입니다. 재능아지트는 재능마켓 플랫폼 중 언론사들을 통해 꾸준하게 브랜딩되었고, 지금도 거래가 일어나고 있는 플랫폼 가운데 하나입니다.

▲ 출처: skillagit.com

📍 사람인 긱

사람인 긱은 (주)사람인HR에서 만든 플랫폼입니다. 다른 재능마켓들과의 차별화 부분은 시간으로 재능가치를 부여해 서비스를 제공하는 방식인 타임워크 판매자 방식으로 진행하여 서비스를 판매한다는 점입니다.

2.2 장비와 프로그램

📍 노트북

이 책에서 다루는 장비는 일반적인 노트북입니다. 필자의 경우 노트북은 LG 그램으로, 윈도우 운영체제로 작업하고 있습니다. 필요에 따라서 맥북으로 작업을 진행하셔도 무방합니다. PC로 작업할 수 있는데 노트북으로 작업하는 이유는 휴대성과 이동성 때문입니다. 가족들과 여행을 가거나 집에서 작업하기 답답할 때 카페 같은 외부 공간에서 노트북을 가지고 가서 작업할 수 있습니다.

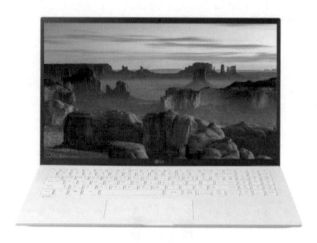

▲ 출처: lge.co.kr

최근에는 맥북으로 작업을 하게 되었는데 윈도우 운영체제와 약간씩 다른 부분이 있지만 맥북도 나쁘지 않다고 느끼게 되었습니다. 로고 디자인을 할 때 어떤 노트북인가를 생각하기보다 나에게 맞는 노트북이 무엇일까 생각하고, 각자 맞는 노트북으로 로고를 제작하는 것을 추천합니다.

▲ 출처: apple.com

📍 일러스트레이터

어도비 사에서 제공하는 유료 프로그램으로, 로고를 디자인할 때 사용할 수 있는 가장 좋은 도구입니다. 일러스트레이터는 Ai 파일이라는 일러스트레이터 파일을 제공하고 이외 JPG, PNG, GIF 같은 파일로 변환해서 보낼 수 있습니다. 일러스트레이터로 로고 이외에도 웹사이트 디자인, 아이콘 디자인, 인쇄물 디자인 등 다양한 디자인도 가능합니다. 어도비 사이트에 접속하여 가격을 확인하고 구매하기 바랍니다.

▲ 출처: adobe.com

2.3 로고를 제작할 때 꼭 알아두어야 하는 사이트

로고를 제작하려면 다양한 인사이트와 컬러 등의 여러 요소들이 필요한데 이런 요소들을 찾을 수 있는 몇 가지 사이트들을 공유해보고자 합니다.

📍 플랫아이콘

플랫아이콘은 다양한 아이콘들이 있는 사이트로 무료아이콘을 다운받아 로고를 제작하는데 활용할 수 있습니다. 더 다양한 아이콘들을 사용하고 싶다면 유료결제를 통해 유료아이콘을 사용하는 것도 가능합니다.

▲ 출처: flaticon.com

📍 AC일러스트레이터

AC일러스트레이터도 플랫아이콘과 비슷하게 다양한 아이콘들이 있는 사이트입니다. 플랫아이콘은 단순하고 심플한 아이콘들이 많은 반면, AC일러스트레이터는 디테일한 일러스트레이

▲ 출처: ac-illust.com

터 작품들을 다운로드할 수 있습니다. 무료로 진행할 때 회원가입을 해야 하며, 하루에 다운로드할 수 있는 파일의 수가 제한되어 있습니다. 다양한 파일을 다운로드하고 싶을 때는 유료결제를 이용하면 됩니다.

📍 눈누

눈누 사이트는 국내의 다양한 무료폰트의 정보를 모아놓은 사이트입니다. 원하는 폰트를 클릭하면 그 폰트를 제공하는 사이트로 이동해 폰트를 다운로드할 수 있게 안내합니다. 로고는 BI/CI의 영역인데, 이 부분에 라이센스를 허락해 놓은 기업의 폰트를 가지고 로고를 제작할 수 있습니다.

▲ 출처: noonnu.cc

2.4 로고 디자인에 관한 Q&A

온라인이나 오프라인에서 필자에게 로고 디자인 제작에 관해서 이것저것 질문하는 분들이 많습니다. 로고 디자인을 배워보기로 결심했지만 막상 시작하고 보니 무엇부터 해야 할지 막막했기 때문일 겁니다. 그래서 대표적인 질문들을 모아보았습니다.

Q 비전공자도 로고 디자인을 할 수 있나요?

A 필자도 공대생 출신의 비전공자로, 여러 가지 시행착오를 겪고 로고 디자이너로 전향했습니다. 필자는 이외에도 로고 디자인 강의도 진행하고 있는데 위에 후기를 보면 알 수 있듯, 대부분 필자의 수강생분들은 비전공자 출신입니다. 추진력이 있는 분들 중에서 로고 디자인으로 매출을 올린 분들도 있습니다. 로고를 제작할 수 있는 공식만 몇 가지 알게 되면 효율적으로 로고를 제작할 수 있습니다.

Q 그림을 못 그려도 로고 디자인을 할 수 있나요?

A 그림을 잘 그린다면 로고를 제작할 때 더 많은 영감을 받을 수 있고 도움이 될 수 있지만, 그림을 못 그린다고 해서 로고를 제작하지 못 하는 건 아닙니다.

Q 판매할 때 가격은 어떻게 책정하나요?

A 필자의 경우, 초기에는 디자인 학습과 동시에 수익을 내길 원했기 때문에 1만 원부터 시작했습니다. 그러다 점점 실력이 쌓이면서 5만 원, 10만 원, 30만 원과 같은 방식으로 비용을 인상했습니다.

Q 판매 시 주문을 받게 되면 어떤 식으로 로고를 제작해줘야 하나요?

A 로고를 판매하게 되면 여러 재능마켓에서 고객들과 대화를 하게 됩니다. 이때 고객의 니즈를 파악한 다음 작업의뢰서를 고객에게 받고 금액을 협의해 결제합니다. 이때 받는 결제는 바로 현금을 받는 것이 아니라 재능마켓에서 금액을 보관하고 있다가 고객에게 로고를 발송하고 수정사항을 반영하여 로고를 완성하게 되면 고객이 최종 승인을 하게 됩니다. 이후 로고 디자이너가 비용을 가져가는 방식으로 진행됩니다(각 재능마켓별로 진행 방식의 차이가 있을 수 있습니다).

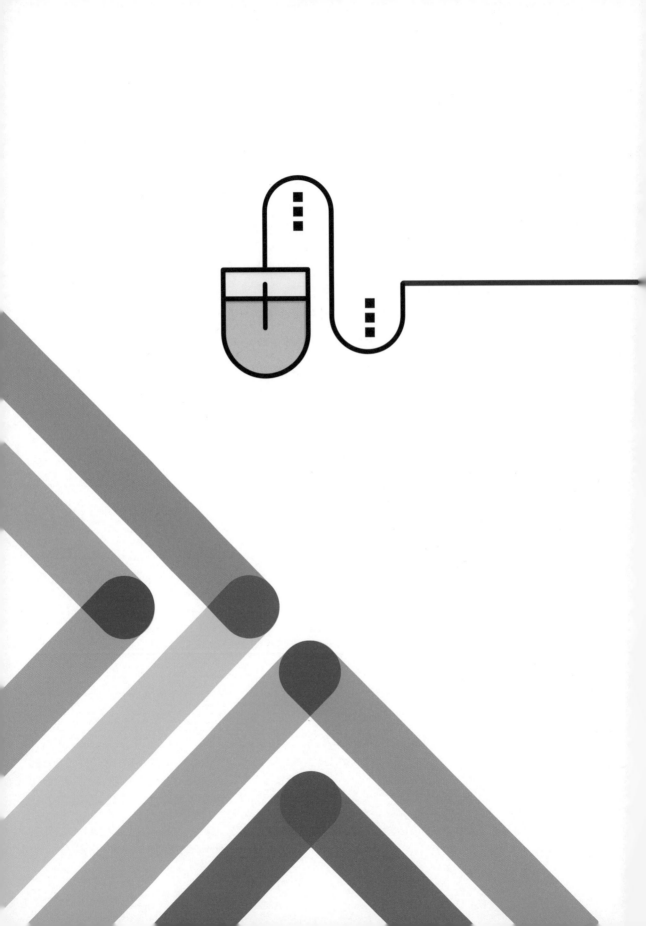

CHAPTER 03

로고 디자인에 대해 알아보자

로고 디자인에 대해 알아보자

본격적으로 로고 디자인에 대해서 알아보겠습니다. 로고 디자인을 하고 싶은 초심자 또는 디자인 경험은 있지만 로고 디자인은 처음인 분들을 위해 로고 디자인 요소에는 어떤 것이 필요하고, 또 어떤 점이 중요한지 알아보도록 하겠습니다.

3.1 로고 디자인이란?

로고(logo)는 상품이나 상업단체, 회사 등의 기업에 적용되는 시각 디자인을 말합니다. 본래 로고는 글자로만 디자인을 했기에 로고타이프(logotype)나 워드마크(wordmark)로 불리기도 했지만, 점차 그림도 그 범주 안에 포함되게 되었습니다. 로고의 목적은 소비자들이 상품을 잘 인식하도록 하거나 광고, 홍보의 효과를 높이는 데 있습니다. 유명 아이돌 그룹을 나타날 때도 로고를 이용하기도 합니다. 로고 디자인에는 세 가지 종류가 있습니다.

🖉 **심벌 로고:** 심벌 로고는 애플, 나이키, 퓨마, 빈폴 등 상징적인 이미지를 떠올릴 수 있는 로고를 말합니다. 심벌 로고는 심벌 로고 자체로 이용되는 경우도 있고 상호를 나타내는 타이포로 표현되기도 합니다. 애플 같은 경우는 심벌과 타이포를 같이 사용하지 않고 별도로 사용하기도 합니다.

▲ 출처: enspiregroup.org/삼성경제연구소-브랜드-로고의-의미와-기능

📎 타이포 로고: 타이포 자체를 로고로 사용하는 경우로 FedEx나 Baskin Robbins 같은 업체들이 타이포 로고를 사용합니다. 최근에는 심벌 로고로 진행했던 패션브랜드들이 베이식한 타이포 로고로 리브랜딩을 진행하는 경우도 생기고 있습니다.

▲ 출처: enspiregroup.org

✐ **엠블럼 로고**: 엠블럼 로고는 스타벅스, 버거킹, BMW, KFC등의 브랜드들이 이용하고 있습니다. 심벌과 타이포를 섞어서 제작한 로고라고 보면 됩니다.

▲ 출처: post.naver.com/viewer/postView.nhn?volumeNo=28227197&memberNo=45630500

3.2 로고 디자인 제작 과정

로고를 만들어야겠다고 생각했지만, 막상 어디서부터 어떤 방식으로 제작해야 할지 막막한 분들이 많을 겁니다. 그럴 때는 먼저 본인이 어떤 스타일의 로고를 좋아하는지 혹은 따라하고 싶은 형태의 로고가 있는지 등을 확인해보라고 이야기합니다. 자신이 좋아하는 로고의 색상, 업체의 상호명 등을 파악하고 제작하면 만들고 싶은 로고의 형태가 나옵니다. 로고를 제작하기 위해서는 여러 단계를 거쳐야 합니다. 머릿속의 생각을 로고로 만들기 위해서 아이디어를 모으고 정리합니다. 그다음 그 아이디어를 바탕으로 로고 디자인의 콘셉트를 정해서 최종 로고를 완성합니다. 이 과정들을 간략히 정리해보면 다음과 같습니다.

아이디어 수립 → 컬러 선정 → 상호명 폰트 선정 → 로고 디자인 완성

로고 디자이너마다 조금씩 차이가 있을 수 있지만, 필자의 경우 위와 같은 프로세스로 제작을 하고 있습니다. 꼭 필자가 기준이 아니어도 좋습니다. 제작하면서 편하거나 효율적인 자기만 의 방식 등을 찾아 본인 것으로 만들어가는 것이 가장 좋습니다.

3.2.1 아이디어 수립

로고를 제작하기 전에 클라이언트 혹은 로고를 만들고자 하는 사람들에게 이름을 듣고 그 이름을 지은 이유 그리고 업체가 어떤 분야인지를 들어보고 거기에 맞게 다양한 아이디어를 떠올립니다.

최근 작업했던 꽃집 로고를 기준으로 이야기해보겠습니다.

누군가를 소개할 때 '~입니다'라고도 표현하지만 '~이어라'라는 표현도 사용합니다. '~이어라'라는 표현과 꽃을 결합하여 '꽃이어라'라는 이름을 지었다고 하였습니다. 그래서 누군가를 소개할 때는 준비를 하고 소개를 받기 때문에 준비, 소개, 예쁨, 단정함, 아름다움, 화사함 등의 키워드들을 아이디어로 적어보았고 거기에 맞게 심벌을 만들어 나갔습니다. 1차 시안에서 제안했던 로고가 반영되지 않았지만 고객님께서 주신 의견을 추가적으로 반영해서 마트리카리아라는 꽃을 콘셉트로 심벌 로고를 완성하게 된 사례입니다.

3.2.2 컬러 선정

다음은 컬러 선정입니다. 아이디어 단계에서 나온 키워드들 가운데 메인 키워드를 몇 가지 선정합니다. 다음에 그 키워드들 그리고 로고 이름에 어울릴 것 같은 컬러들을 선정합니다. 여기서 말하는 어울린다는 의미는 두 가지 관점에서 바라보아야 합니다. 첫 번째는 로고를 의뢰한 제작자입니다. 제작자가 원하는 로고를 만들어드리는 것이 로고 디자이너의 역할이기 때문에 제작자의 의도를 최대한 반영해서 컬러를 선정하는 것이 좋습니다. 두 번째는 로고를 바라보는 고객입니다. 로고에 색상이 입혀지고 최종완성이 되어서 상품이나 서비스에 로고가 등장한다면 그것을 바라보는 주고객층이 선호하는 색상일까 하는 부분을 고려하면서 컬러를 선정하는 것이 좋습니다. 일례로 팬톤이라는 기업은 고객을 위해 1만 가지 이상의 색을 체계화하고,

매년 두 가지 올해의 컬러를 선정합니다.

3.2.3 상호명 폰트 선정

다양한 폰트를 고를 수 있지만 초기에는 명조체, 고딕체, 필기체 정도를 사용합니다. 명조체는 책과 같은 인쇄물에 많이 사용하는 폰트입니다. 로고 디자인에서는 신뢰, 존경, 권위 등 전통적인 느낌이 필요할 때 주로 사용합니다. 롤렉스나 벤츠 등의 기업에서 명조체를 활용한 로고를 사용하고 있습니다.

고딕체는 읽기 쉬운 폰트이기에 컴퓨터와 스마트폰이 보급되면서 많이 사용되고 있습니다. 마이크로소프트, 구글, 넷플릭스 등에서 고딕체를 활용한 로고를 사용합니다. 필기체는 손글씨체로서 친근한 느낌이지만 가독성에 신경을 써야 하는 폰트입니다. 브랜드를 고객에게 친근하게 소개하는 느낌이 있어 코카콜라, 인스타그램 등에서 필기체를 활용한 로고를 사용하고있습니다.

3.2.4 로고 디자인 완성

색상과 폰트 등을 선정했다면 본격적으로 로고를 제작합니다. 로고의 모양은 아이디어를 기반으로 제작하면 됩니다. 로고의 종류는 다양하지만 보편적으로 심볼과 텍스트를 결합한 형태를 사용합니다. 따라서 아이디어를 기반으로 심볼을 제작하고 선정한 색상과 폰트를 적용해서 하나의 로고를 제작하면 됩니다.

3.3 로고 디자인을 만들 때 중요한 것

📍 고객의 니즈를 잘 파악하고 소통하라

아무리 로고를 예쁘게 디자인해도 고객의 마음에 들지 않는 때가 있습니다. 이 문제는 고객의 니즈를 충분하게 파악하고 소통하지 않았기 때문에 발생되는 문제입니다. 따라서 로고 작업 시, 하기 전에 고객의 니즈가 무엇인지를 정확하게 파악하는 것이 중요하고 이외에 고객에게 정보를 최대한 많이 받아내 고객이 원하는 로고를 만들어 나가는 방향이 중요합니다.

물론 이 과정을 진행하다 보면 때로는 로고에 대한 의견을 주시는 클라이언트분께서 디자이너가 의도한 로고의 방향을 다르게 이해할 수도 있습니다. 이 과정에서 로고 디자이너는 클라이언트에게 로고의 콘셉트와 방향을 명확하게 설명해야 하고, 클라이언트도 로고 디자인에 동참했다는 느낌을 주어야 하는 경우가 필요할 때도 있습니다.

📍 용도를 생각하며 만들어보자

내가 사용할 로고든 클라이언트가 사용할 로고든 간에, 그 로고가 사용될 용도가 무엇인지를 파악하고 로고를 제작하는 것이 중요합니다. 명함으로 사용할지 아니면 홈페이지에 사용될지 등을 알고 난 뒤에 제작하면 좋습니다.

로고 디자인 클라이언트 중에 처음으로 간판과 시트지 디자인까지 의뢰했던 사례입니다. 일러스트레이터 작업물만 보다가, 실제 출력된 작업물을 보면서 로고 디자인을 할 때 목적에 맞게 더욱 신경 써야겠다고 느꼈던 사례였습니다. 그래도 첫 사례를 기점으로 자신감을 가지게 되면서 로고 디자인을 판매할 수 있었습니다.

첫 번째 사례 이후 참치 프랜차이즈를 런칭하는 클라이언트의 의뢰를 받게 되어 프랜차이즈 매장에 들어가는 로고, 명함, 시트지, 배너, 전단지, 웹페이지 등을 총괄해서 제작하였습니다. 이 사례는 제가 직접 출력물들을 출력해야 했기 때문에 출력에 관련된 종이 재질이나 사이즈

등을 확인해서 진행했습니다. 2달 정도 걸린 긴 프로젝트였지만 한곳에서만 운영하는 곳이 아닌, 말 그대로 여러 지점에서 운영되는 프랜차이즈 형식의 디자인이었기 때문에 의미있는 작업이었습니다.

📍 기가 막히게 특이한 로고 디자인은 없다

구글이나 핀터레스트에서 로고를 검색해보면 정말 다양한 로고들을 볼 수 있습니다. 이런 포트폴리오를 많이 보면 로고를 만들 때 상징적인 이미지나 텍스트 형태가 떠오를 때가 있습니

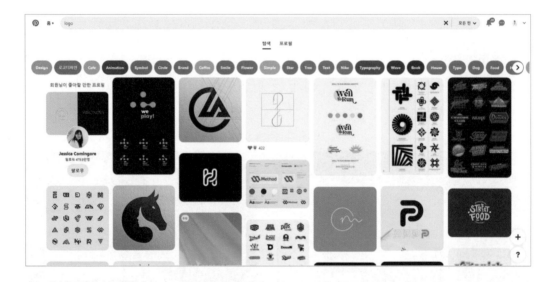

다. 그래서 자료를 많이 볼수록 좋습니다. 필자의 경우도 여러 로고 디자인들을 보면서 거기서 얻은 영감들로 로고를 제작할 때 더하기도 하고 빼기도 하면서 색상도 다양하게 해보는 등의 연습을 많이 했고, 지금도 끊임없이 연습하고 있습니다. 독창적이거나 특이한 로고도 중요하지만 고객이 원하는 로고 디자인을 진행해야 하기 때문입니다.

📍 스케치하는 습관을 길러라

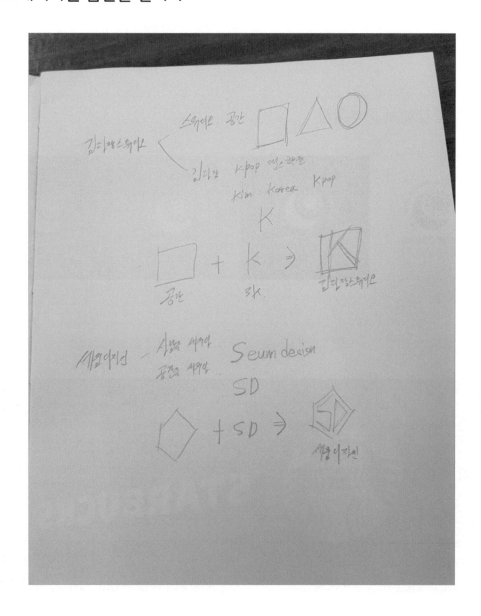

초기에는 일러스트레이터로 쉽고 빠르게 로고를 만드는 방법들을 알려드리지만 결국에 크리에이티브한 로고 디자이너가 되기 위해서는 꾸준한 연습과 아이디어가 필요합니다. 그래서 평소에 떠오르는 이미지나 텍스트들을 공책 등에 그리는 습관을 기르면 스케치해둔 작업물을 참고해서 일러스트레이터로 로고 작업을 할 수 있습니다.

필자의 경우, 일정 기준을 가지고 스케치를 했다기보다는 그때그때 떠오를 때마다 공책에 생각나는 이미지나 단어들을 쓰면서 로고 디자인을 생각했습니다. 그리고 어느 정도 정리된 아이디어를 가지고 일러스트레이터 프로그램이나 포토샵 프로그램으로 로고를 제작하였습니다.

◉ 컬러에 대해서 공부하자

로고에서 중요한 것 중 하나가 바로 컬러입니다. 위 이미지는 필자가 강의용으로 제작한 로고였는데 흰색 로고는 밝은 느낌, 검정 로고는 차분한 느낌, 주황색 로고는 활발한 느낌, 보라색

로고는 개성 있는 느낌 등 배경색만으로도 다른 분위기가 연출됩니다. 이처럼 컬러는 로고를 고객에게 인식시키는 데 있어 중요한 역할을 하기 때문에 여러 의견을 받은 후 컬러를 선정하는 것이 좋습니다.

스타벅스 하면 무슨 컬러가 떠오르시나요? 초록색이 떠오를 겁니다. 하지만 정작 스타벅스의 매장에 가면 초록색이 거의 눈에 띄지 않습니다. 실제로 스타벅스 오프라인 매장에서 사용되는 초록색 컬러는 5퍼센트도 안 된다고 합니다. 하지만 우리는 스타벅스의 로고에 선정된 컬러인 초록색을 보고, 초록색 하면 스타벅스를 떠올리죠. 그만큼 로고를 디자인할 때 컬러는 중요한 요소를 차지합니다.

스타벅스 이외에도 음료 중에 빨간색 하면 어떤 브랜드가 떠오르나요? 바로 코카콜라입니다. 코카콜라는 브랜드 이름입니다. 워낙 유명해지다 보니 브랜드이면서 고유명사로 불려지는 사례로 유명합니다. 코카콜라의 메인 컬러는 빨간색으로, 컬러 선정에 다양한 이유가 있지만 대표적으로 빨간색은 식욕을 불러일으키는 컬러라고 알려져 있습니다. 그러한 이유로 빨간색 컬러를 선정해서 로고를 제작한 것을 볼 수 있습니다.

하지만 비전공자 관점에서 시작부터 컬러를 공부하기엔 시간이 많이 소요됩니다. 그래서 필자의 경우는 팬톤의 컬러 스토리와 컬러를 자주보는 편입니다. 팬톤이라는 회사는 다양한 산업 분야에 대한 정확한 컬러를 선정하고 1만 개 이상의 색을 시스템으로 체계화한 세계적으로도 권위있는 기업입니다. 그래서 팬톤 회사의 컬러를 자주 보면, 이 컬러가 왜 선정되었는지 등의 여러 이유를 파악할 수 있기 때문에 초기에 로고 제작을 위해 색상을 정할 때 많은 도움이 됩니다. 물론 색상이나 폰트 등은 저작권 관련해서 유의하여 선정해야 하는 부분도 참고해야 합니다. 이 부분은 로고를 제작하는 연습과 훈련이 끝난 이후에 숙지하셔도 무방할 듯합니다.

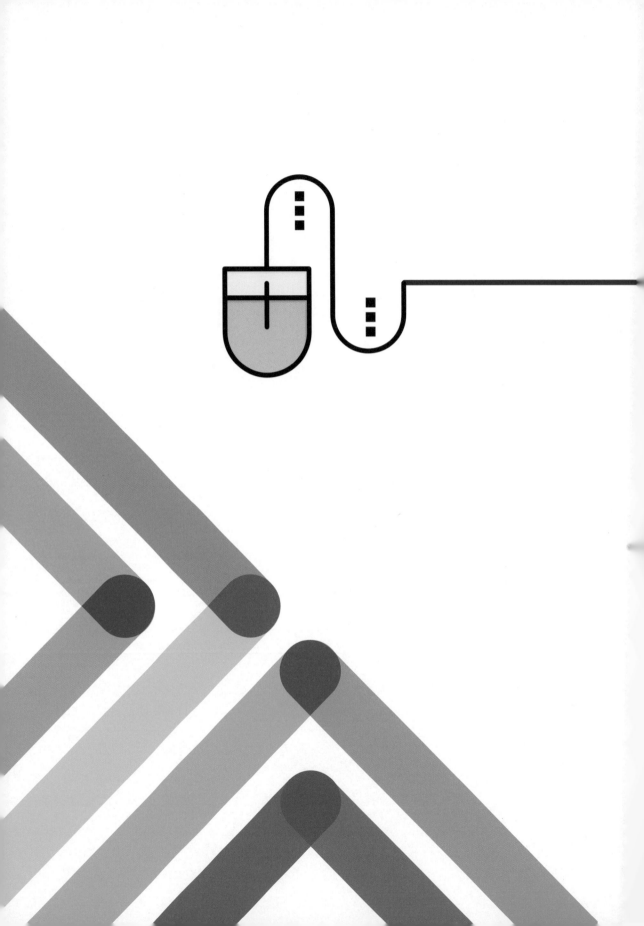

CHAPTER 04

로고 제작을 위해
어도비 일러스트레이터
2021 익히기

로고 제작을 위해
어도비 일러스트레이터 2021 익히기

로고를 제작하는 방법은 여러 가지가 있습니다. PC나 휴대폰, 패드 등 다양한 기기의 그림 프로그램으로 작업할 수 있습니다. 이 책은 PC에서 어도비 일러스트레이터 2021을 이용하여 로고 작업을 하는 방법을 담았습니다. 따라서 어도비 일러스트레이터 2021 프로그램을 알아보고 어떻게 다뤄야 하는지 배워야 합니다. 일러스트레이터는 작업하는 동안 필요한 다양한 도구를 포함하는 도구 모음이 화면 왼쪽에 표시됩니다. 도구 모음의 도구를 사용하여 여러 가지 작업(예: 개체 생성, 선택 및 조작, 이미지 선택, 문자, 페인트, 그리기, 샘플, 편집 및 이동 등)을 수행할 수 있습니다.

4.1 일러스트레이터 프로그램 설치하기

어도비 일러스트레이터 2021을 설치하기 위해서는 어도비 사이트에 접속해야 합니다. 어도비 일러스트레이터 프로그램은 유료이기 때문에 내용을 확인하고 구매하면 됩니다.

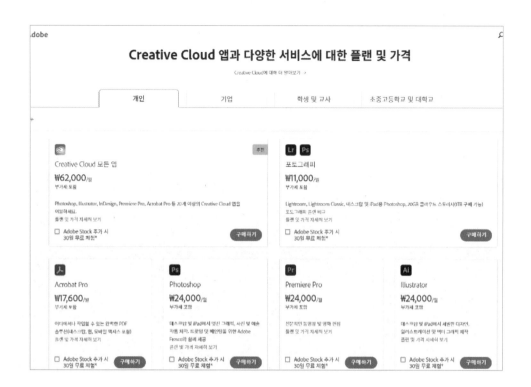

같은 유료 프로그램이더라도 개인, 기업, 학생 등에 따라 가격 차이가 있으니 확인하고 구매하면 됩니다. 어도비 프로그램은 Creative Cloud를 통하여 설치하는 방법이 있습니다.

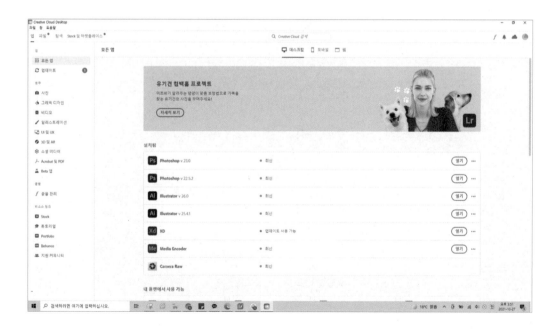

4.2 일러스트레이터 기본 기능 알아보기

어도비 일러스트레이터 2021 설치가 끝났다면 본격적으로 어도비 일러스트레이터 프로그램 사용법에 대해서 다루어 보겠습니다. 어도비 일러스트레이터 2021 한글 버전 기준으로 설명 하겠습니다.

① 새로 만들기: 새로운 화면을 만들 수 있습니다.
② 열기: 기존 파일을 불러올 수 있습니다.

새로 만들기 버튼을 클릭하면 앞과 같은 화면이 나오게 되는데 상단에 모바일, 웹, 인쇄, 영화 및 비디오, 아트 및 일러스트레이터 메뉴가 있습니다. 각 버튼을 클릭해 보면 일러스트레이터 프로그램을 사용할 목적에 맞게 사이즈를 선택할 수 있습니다.

모바일을 예시로 버튼을 클릭해 보면 앞의 화면과 같은 화면이 나오게 됩니다. 모바일 사이즈에 맞는 화면이 나오는 것을 볼 수 있습니다. 이 책에서는 사이즈를 직접 기입해서 만들 것입니다. 모바일에서 아래 부분에 파란색 네모박스를 선택하면 오른쪽에 값을 설정할 수 있는 내용들이 나오게 됩니다.

일러스트레이터에서 사이즈를 선택할 때 100px과 같은 단어가 나오는데, px는 픽셀(pixel)로 컴퓨터 상에서 사용되는 최소 단위라고 보면 됩니다.

- 사전 설정 세부 정보: 제목을 말합니다. 제목은 차후에 다른 이름으로도 저장이 가능합니다.
- 폭: 넓이를 말합니다.
- 높이: 높이를 말합니다.
- 방향: 가로방향, 세로방향을 설정해서 화면을 만들 수 있습니다.
- 도련: 일러스트레이터 파일을 출력할 때 재단선을 지정할 수 있는 선을 도련을 통해 설정할 수 있습니다.

● 고급 옵션: 색상 모드에서 RGB 색상과 CMYK 색상, 두 가지 색상을 선택할 수 있는데 RGB는 컴퓨터 상에서 보여지는 색상으로 빛의 삼원색을 이용하여 색을 표현하는 방식입니다. CMYK(Cyan Magenta Yellow Key)는 출력 상 보이는 색상으로, 네 가지 색을 이용하여 색을 표현하는 방식입니다. 이때, Key는 검정색을 의미합니다.

프로그램을 이용하는 디자이너마다 차이가 있겠지만, 필자의 경우 폭과 높이를 먼저 정합니다. 그리고 픽셀로 선택이 되어있는지 확인한 다음 색상 모드가 BGB 색상으로 체크되어 있는지 확인하고 만들기 버튼을 누릅니다. 만들기 버튼을 누르면 일러스트레이터 화면으로 이동합니다.

흰색 종이 같은 것이 가운데 화면에 만들어졌고, 그 주변은 회색 바탕으로 설정되어 있습니다. 일러스트레이터는 흰색 화면에서도 작업물을 만들 수 있지만 이외 회색 바탕에서도 작업물을 만들어 저장할 수 있습니다. 이때 회색 화면에 만들어 놓은 작업물까지 저장하려면 확장자명을 ai로 지정해야 합니다.

본격적인 작업을 진행하기 전에 셋팅을 해야 합니다. 일러스트레이터 화면 기준으로 오른쪽 상단에 보면 Adobe 도움말 검색창이 있는데, 검색창 왼쪽에 배터리 같은 아이콘을 클릭하면 메뉴가 나타납니다. 여기서 필수 클래식 버튼으로 설정하고 작업을 진행합니다. 사용자의 편의성에 따라 다른 설정값으로 진행할 수도 있지만, 이 책에서는 필수 클래식을 기준으로 설명하겠습니다.

필수 클래식 셋팅 후 왼쪽 도구창을 보면 여러 가지 도구가 있습니다.

우리의 목적은 일러스트레이터를 마스터하는 것이 아니라, 일러스트레이터를 활용해서 쉽고 빠르게 로고를 만드는 것이므로 일러스트레이터 중에 로고를 만들 때 필요한 도구들만 사용할 것입니다. 따라서 개략적으로 어떤 도구들이 존재하는지 기능이 무엇인지 확인하고 넘어가도록 하겠습니다.

① 선택 도구: 선택 도구는 검정색 버튼으로 생겼는데 일러스트레이터로 로고 작업 진행 시 다른 도구를 사용해야 할 때 선택 도구로 빈 화면을 클릭한 다음 다른 작업들을 진행하는 연습을 해야 합니다. 선택 도구는 우리가 흔히 사용하는 컴퓨터 마우스와 비슷한 기능을 할 수 있습니다. 도형을 복사하거나 화면을 이동하거나 확대하는 등의 기능들을 사용할 수 있습니다.

② 자동선택 도구: 자동선택 도구는 모양이나 색상의 속성이 유사한 오브젝트를 동시에 선택하는 도구입니다.

③ 펜 도구: 펜 도구는 단어 그대로 펜처럼 생긴 모양의 도구입니다. 실제로 공책에 펜으로 그리듯이 펜 도구도 일러스트레이터에서 그리는 기능을 합니다.

④ 문자 도구: 문자 도구로 다양한 폰트를 선정해서 로고를 제작할 수 있습니다.

⑤ 도형 도구: 사각형, 둥근 사각형, 원형, 다각형, 별 모양, 플레어 도구가 있는데 이 중에 사각형, 원형, 다각형 등의 도구가 로고를 제작할 때 유용하게 사용됩니다.

⑥ 스포이드 도구: 내가 원하는 색상을 추출할 때 사용하는 도구입니다.

⑦ 대지 도구: 일러스트레이터 상에서 보여지는 흰색 화면을 대지 도구라고 합니다. AI 파일이 아닌 jpg 파일이나 png 파일로 내보내야 할 때 흰색 화면 안에 디자인을 해서 내보내야 하는데, 흰색 화면의 사이즈를 대지 도구에서 조절할 수 있습니다.

⑧ 손 도구: 스페이스바를 누르면 손 모양이 나오는데 일러스트레이터 화면을 잡아 이동시킬 수 있는 도구입니다.

⑨ 직접선택 도구: 일러스트레이터는 모든 도형들이 점으로 존재하는데 그 점을 클릭해서 변형을 할 수 있게 하는 도구입니다.

⑩ 선분 도구: 직선을 만들 수 있는 도구입니다.

⑪ 지우개 도구: 일러스트레이터 상에 만든 작업물을 지울 수 있는 도구입니다.

⑫ 그래디언트 도구: 일러스트레이터 작업물에 그래디언트를 줄 때 사용하는 도구입니다.

4.3 로고 디자인을 위한 일러스트레이터 기초 다지기

이제 일러스트레이터 기본 메뉴도 살펴보았으니, 실제 로고를 만들어보겠습니다. 필자는 인스타그램이나 페이스북에 업로드할 것까지 감안해서 제작을 하다 보니 800px*800px 정도로 사이즈를 정해서 화면을 만듭니다. 꼭 다른 플랫폼에 사용하려는 용도라기보다는 다양한 방식으로 로고를 이용할 수 있기 때문에 로고를 크게 디자인하는 게 쓰임이 좋습니다.

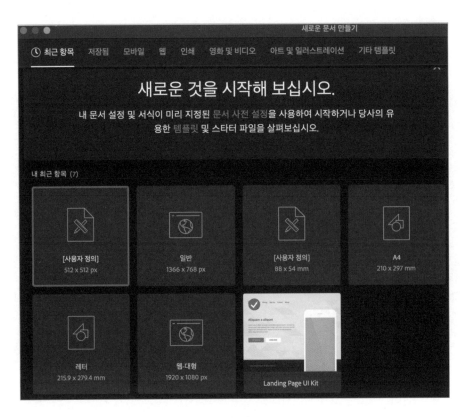

① 새로 만들기로 대지를 만듭니다. 저는 사용자 정의로 제작하였습니다.

폭과 높이를 800px로 설정하고 픽셀로 체크합니다. 나머지는 건들지 않고 하단 고급 옵션에 색상 모드가 RGB인지만 확인하고 만들기 버튼을 누릅니다.

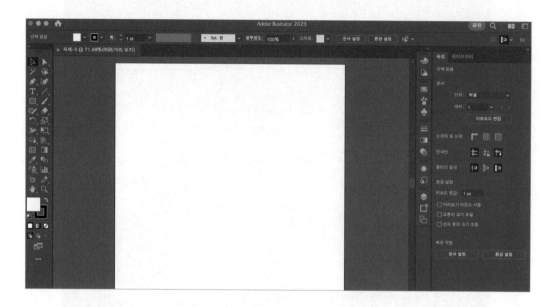

대지 화면이 나옵니다. 여기에 로고를 제작해보겠습니다. 문자 도구와 도형 도구로 간단하게 만들어봅니다. 문자 도구는 말 그대로 문자를 만들 수 있는 도구이고, 도형 도구는 도형을 만들 수 있는 도구입니다. 문자 도구에서 다양한 폰트의 모양을 설정하여 제작할 수 있고 도형 도구도 사각형, 둥근 사각형, 원형, 다각형 등의 다양한 도형들을 제작할 수 있습니다.

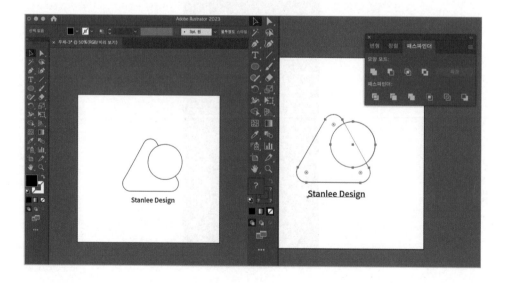

실습에서 더 자세히 다루겠지만, 이번에는 도형과 문자 그리고 패스파인더 기능을 활용하여 심플한 로고를 제작해보도록 하겠습니다. 상단 메뉴에서 윈도우(w)를 클릭 후 패스파인더(p)를 클릭하면 앞의 화면과 같은 도구창이 나옵니다. 패스파인더는 도형을 나누거나 합치거나 할 때 사용하는 도구입니다. 여기서 원형 도형과 삼각형 도형 2개를 드래그하고 패스파인더 도구에서 나누기를 클릭합니다.

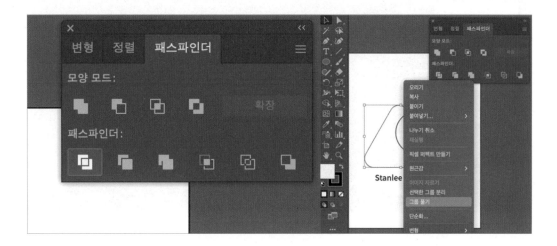

원형과 삼각형이 겹쳐진 부분의 모든 부분이 여러 조각으로 나누어질 수 있게 됩니다. 다음 나누어진 도형에서 마우스 오른쪽 버튼을 클릭하여 그룹 풀기 버튼을 눌러줍니다. 그 다음 빈 화면을 클릭하고, 다시 도형을 클릭해서 이동시켜줍니다.

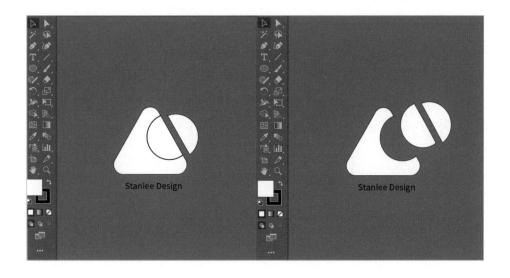

그러면 앞의 그림과 같은 식으로 도형들이 개별 요소로 분리되는 것을 확인할 수 있습니다. 패스파인더에서는 이처럼 도형들을 합치거나 분리시킬 때 사용합니다. 필자의 경우 다양한 모양의 로고 작업을 할 때는 패스파인더 기능을 많이 활용하여 제작합니다. 이런 식으로 분리된 도형을 제거해주고 남은 도형에 색상을 입힙니다.

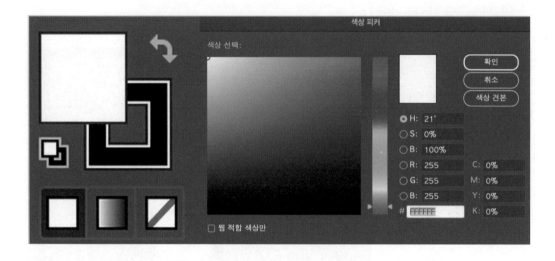

색상은 왼쪽 도구창 하단에 앞의 그림과 같은 모양이 있습니다. 흰색 색상이 있는 곳이 칠 혹은 면이라는 부분이고, 뒤쪽에 검정색으로 되어있는 부분이 면을 둘러싸고 있는 테두리입니다. 그리고 아래쪽에 빨간색 선으로 대각선 표시가 되어있는 부분은 색상 없음이라는 표시입니다. 우리는 선 색상을 없애고, 면 색상만 가지고 진행해 보겠습니다. 면 색상을 바꿀 때는 면 색상을 더블클릭하면 도구창이 나옵니다. 여기서 색상을 변경할 수 있습니다. 이외 다른 방식으로도 색상을 변경할 수 있는데 그 부분도 실습에서 자세히 다뤄보도록 하겠습니다.

4.4 알아두면 유익한 일러스트레이터 기능

일러스트레이터로 작업하다 보면 기본적인 기능 이외에 다양한 기능을 함께 사용하게 됩니다. 하지만 평소에 기능들을 잘 찾아보지 않고 사용해보지도 않으면 막상 기능이 있는지도 모르고 이용하게 되는 경우가 많습니다. 다음은 로고 디자인에 사용하면 편리한 기능 몇 가지를 알아보도록 하겠습니다. 필자가 알려드리는 것 이외에도 본인에게 편하거나 맞는 기능들이 있을 수 있으니, 전체적으로 살펴보고 이용하시기 바랍니다.

📍 패스파인더

앞에서 이용했던 도구지만 자세히 설명하 겠습니다. 패스파인더(Pathfinder)는 한글 로 '길잡이'라는 뜻인데, 여러 개의 도형들 을 가공할 수 있게 안내해주는 도구라서 이런 이름이 붙은 것 같습니다. 패스파인 더 도구의 위치는 상단 메뉴에 윈도우(w) 에서 패스파인더(p)에서 확인할 수 있습니

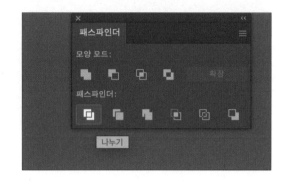

다. 도구창을 켜보면 여러 가지 기능들이 있는데 이 가운데, 첫 번째 나누기는 도형과 도형을 분리시키는 기능을 합니다. 일러스트레이터에서 만드는 작업물들은 이해하기 쉽게 설명하자 면, A4용지를 여러 장 겹치는 형식으로 제작됩니다. 예를 들어, 원형 도형 2개가 겹쳐 있으면 위에 있는 원형 도형이 아래에 있는 원형 도형을 찍어 눌러서 잘리는 효과를 볼 수 있습니다.

나누기 기능에서는 위에 있는 도형이나 밑에 있는 도형에 관계없이 나누기 버튼을 누르면 도 형과 도형끼리 나뉩니다. 예를 들어, 파란색 사각형과 빨간색 원이 있다고 가정하면 빨간색 원 이 파란색 사각형보다 위에 있어도 나누기 버튼을 누르면 상관없이 겹쳐진 부분들이 다 나누 어지게 제작할 수 있습니다.

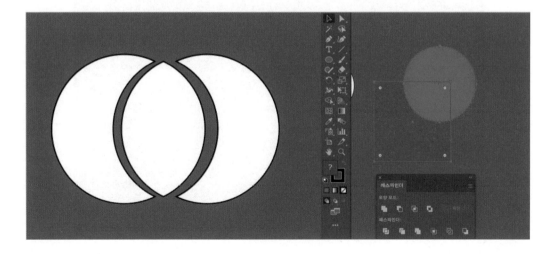

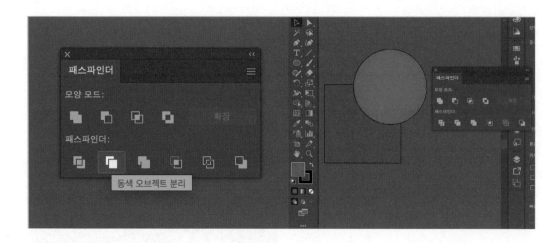

다음은 패스파인더에서 동색 오브젝트 분리 기능이 있습니다. 이 기능은 말 그대로 같은 색 도형이 2개 있을 때 위에 있는 도형이 아래에 있는 도형을 찍어내서 위에 있는 도형은 그대로 있지만 아래에 있는 도형은 잘린 모양으로 나오는 기능입니다. 앞의 화면에서 보듯이 동색 오브젝트 분리 버튼을 누르면 빨간색 원이 파란색 사각형보다 위에 있기 때문에 빨간색 원은 모양이 그대로 있지만 파란색 사각형은 빨간색 원을 제외한 나머지 부분에만 분리가 되는 것을 확인할 수 있습니다.

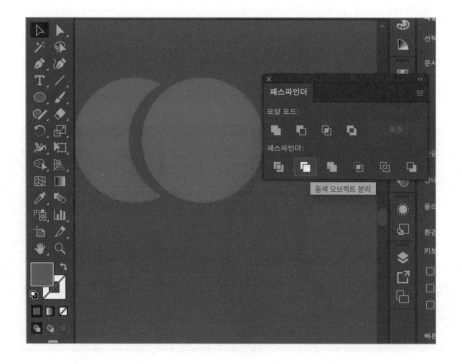

다음은 병합 기능에 대해 설명해보겠습니다. 병합은 같은 색상의 도형 2개를 단어 그대로 하나의 도형처럼 합치는 기능을 말합니다. 병합이 되어 합쳐진 도형은 색상을 변경하거나 작업할 때 하나의 도형으로 작용해서 작업이 가능합니다. 병합 기능을 활용해서 심벌의 다양한 합쳐진 모양들을 제작할 수 있습니다.

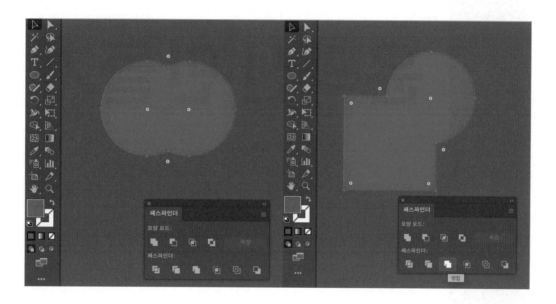

◉ 윤곽선 만들기

윤곽선 만들기는 영어로는 'Create Outlines'이라고 불립니다. 의미 그대로 바깥에다가 코팅을 입히듯이 라인선을 만드는 작업을 윤곽선 만들기라고 합니다. 윤곽선 만들기는 주로 폰트 작업 시 필요한데, 우리가 작업한 로고에 폰트는 우리가 다운로드 받아서 사용하는 폰트이기 때문에 우리만 볼 수 있는 폰트입니다. 따라서 다른 업체나 디자이너가 우리가 제작한 로고의 폰트를 보기 위해서는 폰트를 도형으로 변환시켜야 하는데 그 변환 작업이 윤곽선 만들기라고 보면 됩니다. 폰트를 윤곽선으로 만들면 폰트에 그러데이션도 넣을 수 있습니다. 윤곽선 만들기를 작업하는 방법은 상단 메뉴 문자에서 윤곽선 만들기를 클릭하면 됩니다.

📍 확장

확장(Expand)은 선으로 어떤 것을 만들 때 선을 도형처럼 하나의 면으로 만드는 작업이라고
보면 됩니다. 예를 들어, 다음과 같이 두꺼운 선을 만들었는데 이 선을 면으로 만들고 싶다면
확장 버튼을 눌러 두꺼운 선이 하나의 면으로 변환되게 만듭니다. 확장 버튼은 상단 메뉴 오브

젝트에서 확장 버튼을 눌러주면 됩니다.

선 모양에 확장 버튼을 누르면 앞의 화면과 같이 칠, 획이 체크되어 있는데 그 상태로 확인 버튼을 누르면 선이 면으로 인식됩니다.

📍텍스트 추가

텍스트를 제작할 때는 왼쪽 메뉴에서 텍스트 도구를 클릭하고 대지 화면에 버튼을 한번 클릭하면 다음과 같은 문장으로 문자가 완성됩니다(문장 내용은 일러스트레이터에서 자동으로 완성되는 것이라 지우고 다시 제작하면 됩니다).

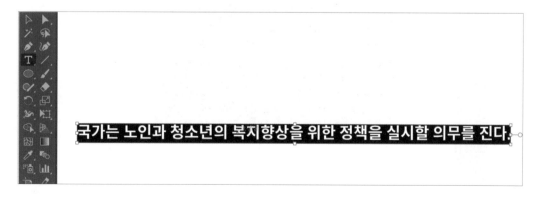

텍스트 버튼을 클릭해서 텍스트를 만들면 이런 식으로 기본적인 문구가 나오는데, 지우기 버튼을 클릭해 지우고 다시 원하는 글을 작성하면 됩니다.

텍스트 사이즈를 키울 때 마우스로 드래그하여 키우면 위와 같이 비정형적으로 사이즈가 커지게 되는데, 이때는 Shift 버튼을 누르면서 드래그하면 균형 있게 동일한 사이즈로 커지는 것을 확인할 수 있습니다.

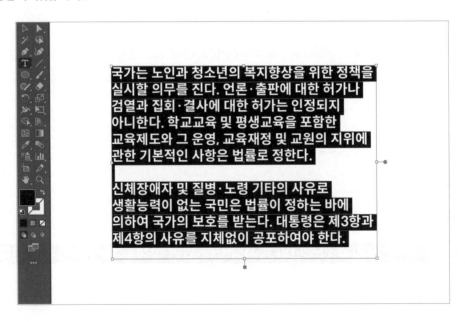

텍스트를 만들 때 주의해야 할 점은 클릭해서 만들면 텍스트의 크기가 자유롭게 제작 가능하지만, 드래그해서 텍스트를 만들게 되면 사이즈 조절이 불가능하니 참고해서 제작하면 됩니다.

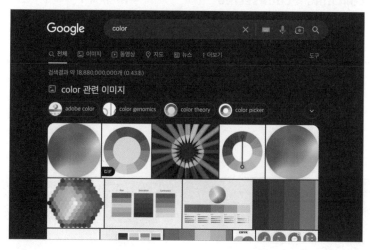

◉ 컬러 스포이드

컬러 스포이드 기능은 로고 제작 시 빠른 속도로 색감을 가지고 올 때 유용합니다. 스포이드의 단축키는 i입니다. 단축키를 사용할 때 한영키가 눌러 있으면 반영이 안 되기 때문에 영어로 체크되어 있는지 확인하여 단축키를 이용하면 좋습니다. 스포이드로 색상을 가져올 때는 필자의 경우, 벤치마킹하길 원하는 색상을 온라인 검색을 통해 캡처하여 일러스트레이터로 가져온 다음 스포이드 기능을 활용해서 원하는 색상을 얻어오도록 하고 있습니다.

4.5 시안 제출을 위한 파일 포맷 알아보기

⊙ PNG

PNG(Portable Network Graphics) 파일은 그래픽 이미지를 저장하는 형식의 하나로, 로고 파일을 보낼 경우 배경이 없는 투명 이미지 파일을 보낼 때 자주 사용하는 파일입니다. PNG 파일이 필요한 경우는 명함을 제작할 때나 회사 홈페이지에 배경이 투명한 로고가 필요할 때가 있는데, 그때 PNG 파일을 제공합니다.

◉ JPEG

JPEG(joint photographic coding experts group) 파일은 정지화상을 통신에 사용하기 위해서 압축하는 기술의 표준으로 로고 파일 작업 시 배경색이 있는 고화질로 발송할 때는 JPEG 파일로 보내면 좋습니다.

◉ AI

AI 파일은 일러스트레이터 프로그램에서 저장하는 확장자 파일로 AI 파일을 열면 이미지를 수정할 수 있는 파일입니다. PNG 파일이나 JPEG 파일 등은 이미지를 수정할 수 없기 때문에 수정을 원한다면 AI 파일을 꼭 가지고 있어야 합니다. 단, AI 파일을 수정하려면 일러스트레이터 프로그램이 설치되어 있어야 합니다.

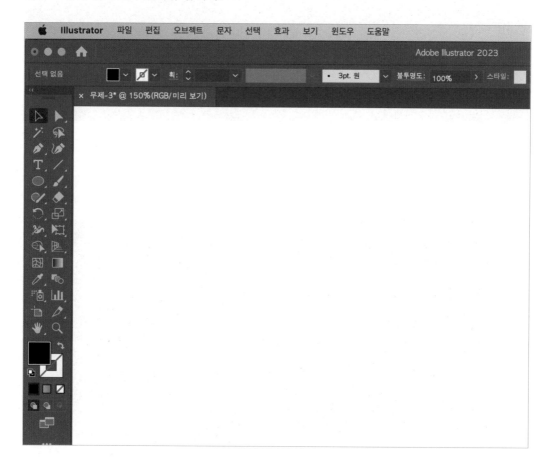

AI 파일로 저장할 때는 왼쪽 상단 파일 → 다른 이름으로 저장을 누릅니다.

앞과 같은 화면이 나오게 되면 크라우드에 저장할 수 있고, 팔자의 경우 내컴퓨터에 저장하기
도 합니다.

저장 시 파일 형식을 AI 파일로 하면 됩니다.

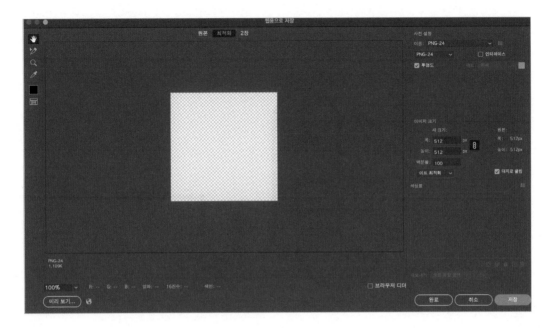

JPG 파일이나 PNG 파일로 저장할 때는 ctrl + alt + shift + S를 누르면 앞과 같은 화면이 나오게 됩니다. 여기서 오른쪽 상단에 이름이 있고, 이름 바로 아래 JPG를 클릭해서 JPG 파일이나 PNG 파일로 변환해서 저장하면 됩니다.

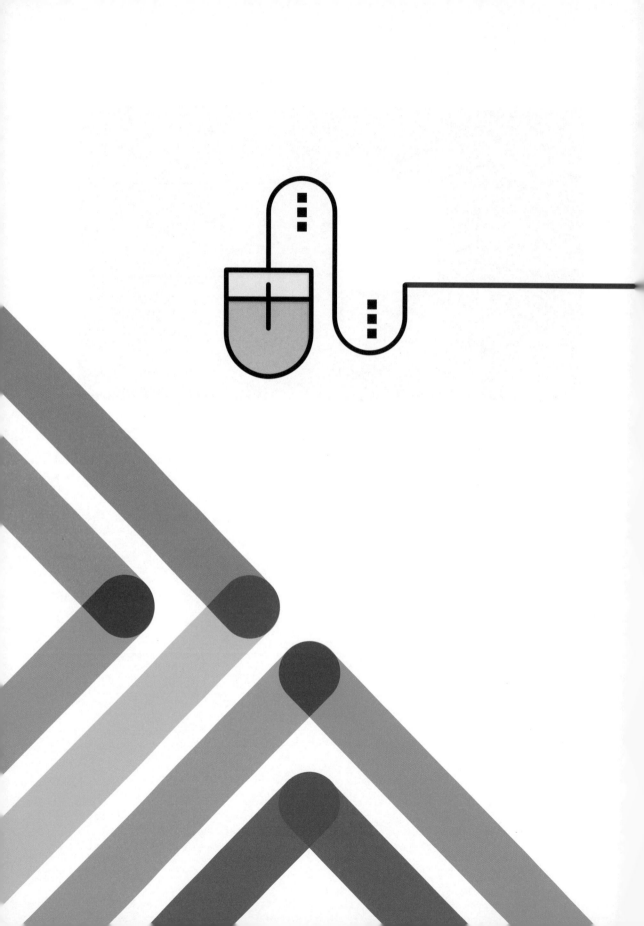

CHAPTER 05

도전! 로고 디자인 만들어보기

CHAPTER 05

도전! 로고 디자인
만들어보기

본격적으로 직접 로고 디자인을 만들어보도록 하겠습니다. 실제로 필자가 고객으로부터 로고 의뢰를 받아서 제작을 하는 프로세스로 설명해보겠습니다.

5.1 로고 디자인 기획하기

로고 디자인 작업을 진행하기 전에 다양한 레퍼런스들을 참고하여 수집해 놓고 아이덴티티를 고민하면 훨씬 더 완성도 높은 로고 디자인을 만들 수 있습니다. 필자는 보통 핀터레스트나 구글 검색으로 다양한 레퍼런스들을 서칭하고 제작하는 편입니다. 필자의 경우 해당 업체의 분야에 따라 그 분야로 로고를 검색합니다. 예를 들어, 커피 로고라고 한다면 'coffee logo'로 검색해서 기존에 만들어진 로고들을 서칭하여 어떤 콘셉트로 제작하는 것이 좋을지 고민하는 편입니다.

▲ 출처: pinterest.co.kr

📍 타깃 정하기

로고 제작을 할 때 로고 디자인을 보는 고객층을 정해 놓으면 어떤 느낌으로 작업할지가 더 정확해질 수 있습니다. 보통 로고를 판매할 때는 클라이언트가 판매할 상품이나 서비스에 근거한 타깃을 정하는 것이 좋습니다. 연령대나 타깃에 따라 선호하는 컬러나 폰트 등의 느낌이 달라질 수 있기 때문입니다.

📍 콘셉트 정하기: 시작이 반? 콘셉트가 반이다!

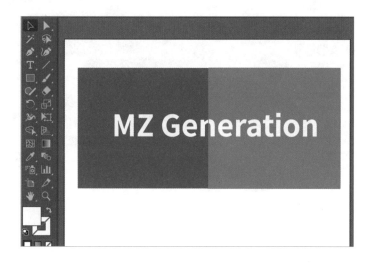

타깃이 정해졌다면, 더욱 디테일하게 콘셉트를 정해보겠습니다. 예를 들어, MZ 세대들이 밝고 경쾌한 컬러를 선호한다고 가정해보고, 필자가 간단하게 제작해봤습니다. 앞에서와 같이 블루, 오렌지 컬러를 활용하고 폰트도 마찬가지로 곡선 느낌으로 제작해볼 수 있을 듯합니다. 이처럼 콘셉트를 정하는 것이 중요합니다.

⊙ 실제 로고 디자인의 탄생 배경 알아보기

이 부분은 로고 자체에 대한 탄생 배경에 대해서 알아봐야 하고, 관련 업체 로고들의 탄생 배경들을 숙지하는 것도 추천합니다. 기본적인 부분들을 알게 되면 실제로 로고를 제작할 때 어떤 방향성으로 만들어야 할지 더욱 감을 잡을 수 있게 됩니다. 그렇기에 평소에도 어떤 브랜드들이 어떻게 탄생하게 되었고 변형되게 되었는지를 안다면 로고를 제작할 때 큰 도움이 될 수 있습니다.

⊙ 콘셉트에 따른 로고 디자인 컬러

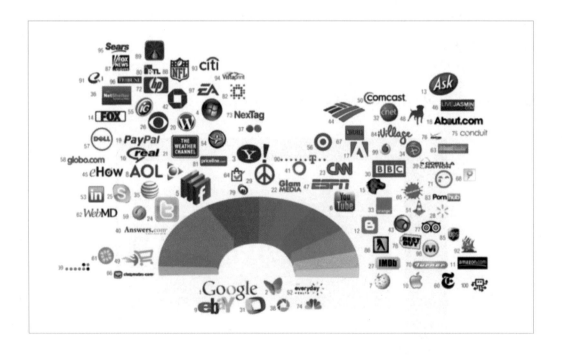

우리가 각 영역에 따라 인지하는 브랜드들은 실제로 많지 않습니다. 하지만 신기한 점은 브랜드가 가지고 있는 고유의 컬러는 우리의 머릿속에 기억되고 있다는 것입니다. 예를 들어, 코카콜라 하면 무슨 색이 떠오르나요? 빨간색일 겁니다. 스타벅스 하면 초록색, 페이스북 하면 파란색이 떠오를 것입니다. 이처럼 컬러는 브랜드 로고를 인지하는 중요한 요소로 자리잡고 있기 때문에 어떤 콘셉트냐에 따라서 디자인 컬러를 정해야 합니다.

5.2 나만의 로고 디자인 만들기

◉ 로고 디자인에 대해 알아보기

로고 디자인의 종류는 여러 가지가 있지만 대표적으로는 폰트 로고, 심벌 로고, 엠블럼 로고 등으로 구성할 수 있습니다. 우리는 여기서 이 세 가지 로고를 기준으로 로고 디자인을 분석해보려고 합니다. 먼저, 세 가지 로고가 어떤 식으로 제작되는지 확인해보겠습니다. 폰트 로고는 말 그대로 글씨로 구성되어 있는 로고를 말합니다. 필자가 로고 디자인 오프라인 강의를 할 때 수강생 한 분이 한 디자인입니다. 다음 그림을 참조하세요.

폰트 로고 중 몇 가지 사례를 들어보겠습니다. 첫 번째로 반스의 로고입니다. 단순하지만 볼드한 느낌으로 안정성을 추구하면서도 V자를 길게 늘어뜨려 폰트 로고에 독특한 포인트를 주어서 제작하였습니다. 아이덴티티 컬러도 폰트는 블랙계열이지만 실제 패션 제품에서는 라벨 배경색을 레드로 주어서 강렬한 느낌의 패션 신발 브랜드로 인식하게끔 디자인하였습니다.

페덱스의 로고 또한 폰트 로고입니다. Fed 부분은 보라색 컬러로, 그리고 Ex는 주황색 컬러로 대비되는 색상으로 매치한 폰트 로고입니다. 페덱스 로고는 폰트 로고이지만 무의식에 상징성을 심어놓았습니다. 바로 E와 X 사이에 있는 화살표 모양입니다. 속도를 어필해야 하는 배송업체임을 감안해 고객의 잠재의식 속에 브랜드를 심기 위해 저런 모양을 착안하여 제작했다고 합니다.

대표적인 온라인쇼핑 업체인 아마존 또한 폰트 로고로 비교적 쉬운 느낌으로 디자인되었습니다. 로고 하단에 미소를 짓고 있는 듯한 표시도 중의적으로 디자인했겠지만, A부터 Z까지 배송에 관한 모든 걸 책임지겠다는 의미로 화살표 모양을 상징화하여 폰트 로고로 디자인하였습니다.

국내에서 인기 있는 폰트 로고를 살펴보면, 대표적으로 배달의민족을 꼽을 수 있습니다. 배달의민족은 배달 어플리케이션을 만든 업체이지만 초기에 B급 감성의 광고와 무료 폰트들을 제작 및 배포하여 많은 디자이너들에게 관심을 받은 기업입니다. 배달의민족 폰트 로고는 'ㅂ'이나 'ㄷ' 등 한 단어의 메인 폰트에 강조점을 두어 사이즈를 크게 디자인했고 'ㄱ'은 약간의 라운딩을 통하여 캐주얼함을 표현하였습니다. 배달의민족에서 어필하고 있는 민트색 계열의 컬러 또한 배달의민족 폰트 로고에 메리트 있는 아이덴티티를 더했습니다.

최근 미국에서 상장하여 몇 십조의 기업가치를 인정받은 쿠팡의 로고도 폰트 로고입니다. 쿠팡 로고는 G 부분 끝라인에 라운드 포인트를 주어서 제작했고, 폰트 컬러는 이례적으로 잘 사용하지 않는 무지개 컬러를 사용했습니다. 아마존은 A부터 Z를 상징화했다면, 쿠팡도 비슷하게 무지개 컬러를 사용해서 물류의 시작과 끝을 모두 장악하겠다는 의미를 내포한 폰트 로고인 듯합니다.

coupang

이외에 19년부터 다양한 패션 브랜드들이 폰트 로고로 대체하여 브랜딩하고 있습니다. 이유는 심벌 로고를 설명할 때 이야기하겠지만, 상징물을 고객에게 제대로 인식시키지는 못했지만 '브랜드 네이밍 자체를 고객에게 인지시켰던 기업'들이 고객의 기억에 브랜드를 더 심플하면서도 간결하게 인식시키기 위해 폰트 로고로 포지셔닝을 변경하는 사례들이 생기고 있습니다.

GUCCI	BURBERRY LONDON
PRADA	DOLCE & GABBANA
FENDI	Salvatore Ferragamo
BALLY	BVLGARI
HERMÈS PARIS	Christian Dior
CELINE	GIORGIO ARMANI
DKNY	Ermenegildo Zegna
ETRO	TIFFANY & CO.
BOSS HUGO BOSS Cartier	GIANNI VERSACE
COACH	

다음은 심벌 로고에 대해서 살펴보고, 몇 가지 사례로 남겨보려고 합니다. 폰트 로고는 글자를 디자인한 로고라면, 심벌 로고는 상징성 있는 로고를 의미합니다. 대표적인 심벌 로고 사례로는 나이키, 아이다스, 애플을 꼽을 수 있습니다. 심벌 로고를 보면 굳이 업체명을 읽지 않아도 자연적으로 그 브랜드가 연상되어 바로 이름을 떠올릴 수 있어야 합니다. 이 부분은 브랜딩 부분과도 연관성이 있습니다. 심벌 로고는 우리가 제작하게 될 로고 디자인이 마케팅을 통해서 고객에게 특정 포지셔닝으로 인지되기 시작할 때 빛을 발할 수 있습니다.

위 로고는 나이키 로고인데 폰트와 심벌이 같이 조합되어 있습니다. 하지만 우리는 브이 표시만 봐도 나이키를 떠올립니다. 이처럼 심벌 로고는 중요합니다. 이 브이 표시는 단순하게 보일 수 있지만, 라운딩을 몇 도로 주어서 심벌을 만들지 끝라인을 뾰족하게 만들지 둥글게 만들지 등의 다양한 요소가 고려된 심벌 로고입니다.

사과 로고로 유명한 애플의 로고를 보면, 나이키 로고와 마찬가지로 단순해 보이나 디자인적으로는 황금비율이 적용된 로고입니다.

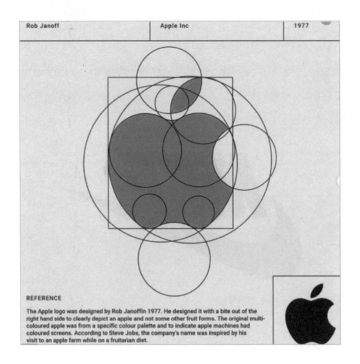

로고 디자인을 하고자 하는 독자들도 황금비율을 고려해서 심벌 로고들을 구성한다면 좀 더 완성도 있는 로고를 제작할 수 있을 것입니다. 마지막으로 엠블럼 로고 사례를 소개하겠습니다. 엠블럼 로고는 심벌 로고와 폰트 로고가 결합된 형태로 로고로 대표적인 사례로는 스타벅스 로고를 들 수 있습니다.

스타벅스 로고의 변천사를 살펴보면, 초기엔 색상도 갈색 계열이었고 안에 심벌도 인어를 연상케 하는 로고로 제작되었습니다. 하지만 시간이 지나면서 간결해졌고 제일 마지막에 있는 로고가 보편적인 엠블럼 로고로 자리잡게 되었습니다. 녹색 계열에 인어도 심플하게 심벌 형태를 갖춰서 디자인되었습니다. 고객이 보고 더 쉽게 기억할 수 있는 로고가 되기 위해서 시간이 지나면서 변천사를 겪었습니다. 앞에서 설명했던 패션 업체들이 심벌 로고에서 폰트 로고로 변경했던 이유와 동일선상에 있다고 볼 수 있습니다. 이처럼 인기 있는 로고를 제작하기 위해서는 다양한 고민들이 필요합니다.

엠블럼 로고의 다양한 사례를 볼 수 있는 디자인 중에 야구단 엠블럼 로고가 있습니다. 로고 디자인 실습을 통해서 설명하겠지만 로고를 구성할 때 배경색, 폰트, 심벌 세 가지로 구성하여 제작해야 하는데 엠블럼형 로고도 마찬가지입니다. 앞의 야구단 로고를 보면 대부분 배경색 대신 원형으로 뒷배경을 주었고 야구공 모양의 심벌을 넣거나 폰트 자체를 강조하여 디자인하였습니다. 인기 로고를 설명하면서 세 가지 로고 형태를 설명했지만, 정리해보겠습니다.

1. 폰트 로고: 글씨로만 이루어진 로고

2. 심벌 로고: 상징물이 있는 로고

3. 엠블럼 로고: 글씨와 상징물이 조합되어 있는 로고

📍로고 디자인 그리기

필자는 로고 디자인의 아이디어를 얻을 때 가장 본질이 되는 상징물들을 가지고 와서 그 상징물들을 더하고, 빼고, 곱하고, 나누어 봅니다. 즉, 변형물의 형태로 업체에 맞는 로고 디자인으로 변환하여 제작하는 일입니다. 예를 들어, 앞의 필자가 그려본 로고를 보겠습니다. 커피숍 로고라고 생각하면서 커피콩 혹은 커피원두와 머그컵 두 가지 아이디어를 떠올려보았습니다. 또한 커피콩을 가로로 잘라보기도 하고 세로로 잘라보기도 하면서 커피콩의 모양을 더 심플하게 제작해보기도 하는 등 아이디어를 이리저리 재단해봅니다. 마찬가지로 머그컵 또한 원형 머그컵, 직사각형 머그컵 등 머그컵의 형태를 다양화해보고 직관화하면서 로고를 만들어나갑니다.

5.3 일러스트레이터를 이용한 로고 디자인

📍 원과 타원을 이용하여 로고 디자인 그리기

일러스트레이터 프로그램을 이용해서 로고 디자인을 만들어보겠습니다. 실습 때 더 구체적으로 다양한 업체의 로고를 예시로 제작해보겠지만, 일단 중요한 것은 일러스트레이터 프로그램으로 로고를 직접 만들어보는 일입니다. 그래서 가볍게 원과 타원 두 가지를 활용해서 로고를 만들어보도록 하겠습니다.

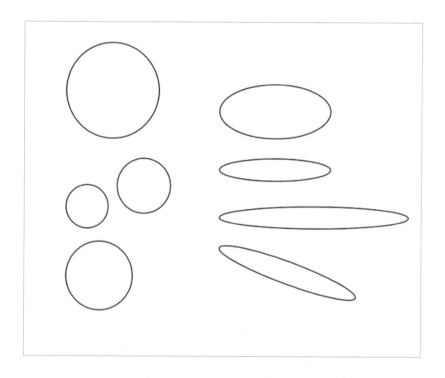

일러스트레이터 프로그램에서 원과 타원의 형태를 다양하게 제작해보겠습니다. 원도 큰 원, 작은 원, 작은 원들이 모인 원 등을 다양하게 제작해보고 타원도 마찬가지로 가로로 길게, 대각선으로 길게, 약간 두꺼운 타원 등으로 만들어보겠습니다. 일러스트레이터 도구를 연습한다는 느낌으로 다양하게 워밍업을 해봅니다. 앞에서 만들어 놓은 형태들을 결합해서 로고를 만들어봅니다. 전부 다 결합해서 보니 약간은 어색한 모양의 로고가 되었습니다.

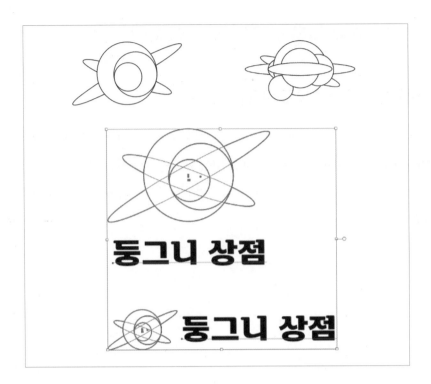

그래서 몇 가지 형태의 원과 타원들을 제거하고 약간의 위치만 변경해주어 로고를 완성하였습니다.

여기에 폰트를 넣어서 로고를 완성합니다. 필자는 이랜드에서 제공하는 나이스초이스라는 폰트를 활용하였습니다. 폰트를 활용하기 전에 폰트를 제공하는 업체에서 라이센스를 확인하여 BI/CI가 이용 가능한 로고인지를 꼭 확인해야 합니다.

라이선스 요약표

카테고리	사용 범위	허용여부
인쇄	브로슈어, 포스터, 책, 잡지 및 출판용 인쇄물 등	O
웹사이트	웹페이지, 광고 배너, 메일, E-브로슈어 등	O
영상	영상물 자막, 영화 오프닝/엔딩 크레딧, UCC 등	O
포장지	판매용 상품의 패키지	O
임베딩	웹사이트 및 프로그램 서버 내 폰트 탑재, E-book 제작	O
BI/CI	회사명, 브랜드명, 상품명, 로고, 마크, 슬로건, 캐치프레이즈	O
OFL	폰트 파일의 수정/ 복제/ 배포 가능. 단, 폰트 파일의 유료 판매는 금지	△

📍완성된 로고 디자인을 채색하기

다음으로 로고 디자인에 색상을 입혀보겠습니다. 이때 팬톤 컬러 혹은 원하는 컬러의 느낌에 대한 이유들을 구글 검색을 통해 확인한 후 매칭되는 컬러를 입힙니다. 필자는 팬톤 컬러나 어도비에서 제공하는 컬러 등을 확인해서 매칭할 수 있는 컬러를 정하는데, 두 가지 정도의 컬러만 활용해서 제작하는 편입니다.

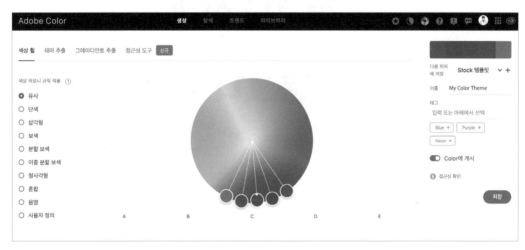

▲ 출처: color.adobe.com

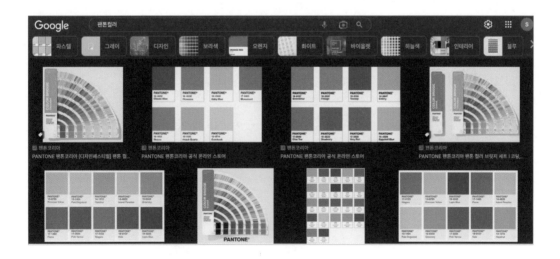

색상을 입히니 어느 정도의 윤곽이 잡힌 형태의 로고가 완성되었습니다. 이런 방식으로 로고를 제작하는 것이 생각보다 어렵지 않다는 사실을 알 수 있습니다. 물론 심화된 로고 디자인을 진행하는 데 있어 많은 고민과 기획 그리고 콘셉트 등을 서칭하고 스케치하는 등 여러 고민과 많은 시간이 필요하지만 이런 식으로 초기 창업을 진행하는 분들이 직접 로고를 제작해야 하는 상황이 발생되면 일러스트레이터를 약간만 사용할 줄 알아도 위와 같이 나만의 로고를 제작할 수 있습니다.

📍심벌 로고 채색하면서 만들어보기

조금 더 완성도 있는 로고를 만들어보겠습니다. 최근에 의뢰받아 제작했던 업체의 콘셉트를 인용해서 디자인해보겠습니다. 먼저 일러스트레이터에서 원형 도형을 제작해보겠습니다. 색상은 일러스트레이터에서 기본으로 제공하는 RGB 컬러 중 #33ACE0 컬러를 사용해보겠습니다.

원형 도형 밑에 부분에 펜 도구를 사용하여 'ㄷ'자 모양의 선을 만들어봅니다. 이때 펜 도구로 선을 만들면 아래의 사진처럼 이미지와 같이 색상이 입혀집니다. 선과 칠을 뒤집을 수 있는 왼쪽 하단 메뉴 탭에 ↔ 버튼을 클릭하면 색상이 뒤집히면서 선 색상이 입혀지는 것을 볼 수 있습니다.

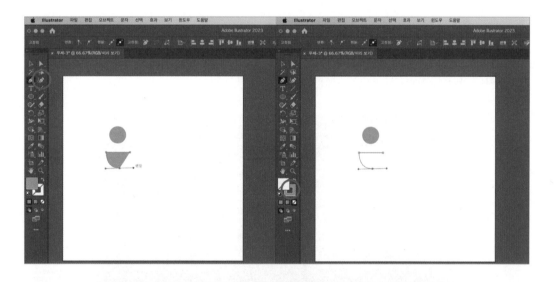

다음엔 선 굵기를 두껍게 만들어보겠습니다. 상단 메뉴에서 획이라는 탭 옆에 사이즈를 키울 수 있습니다. 여기서 획의 굵기를 키워줍니다. 원과 비슷한 느낌을 주어야 하기 때문에 두꺼운 느낌으로 굵기를 키워줍니다.

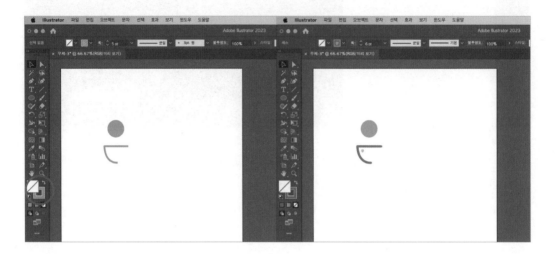

다음으로 위에 원형과 하단의 'ㄷ'자 모양의 선에 색상이 조금 더 대비될 수 있게 하단 선의 색 상을 좀 더 진한 컬러로 선정합니다. 마찬가지로 RGB 기본 컬러에서 선정해서 진행해보았습 니다. #1072B9로 선정해서 넣었습니다.

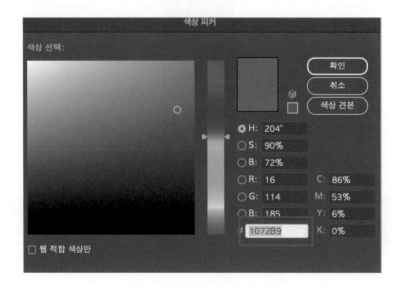

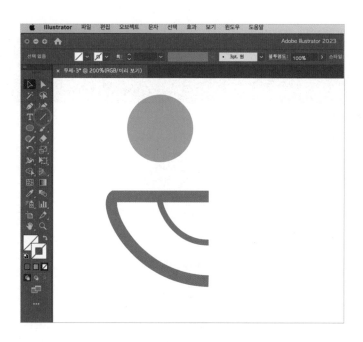

하단에 선을 하나 더 만들어서 'ㅠ' 모양의 느낌을 만들어봅니다.

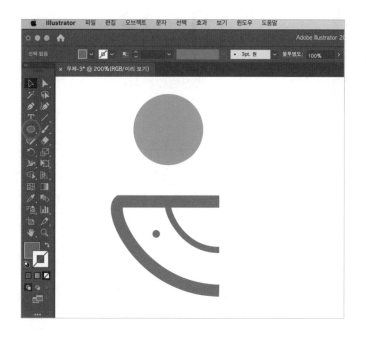

다음은 'ㅠ' 모양에 생선 느낌을 주겠습니다. 원형 도구를 이용해서 원을 눈 모양으로 만들어봅니다.

하단에 폰트로 메인 업체명을 써주고 회사를 한 줄로 소개하는 내용을 간략하게 적어주면 로고 디자인이 완성됩니다. 이런 식으로 배웠던 도구들을 사용하면서 연습하며 다양한 형태의 로고 제작법을 실습하다 보면, 어느새 다양한 방식의 로고를 상상한 대로 제작할 수 있게 되리라 여깁니다.

⚲ 기준 샘플을 만들고 다양한 변형을 통해 로고 디자인 만들기

같은 로고라도 변형을 통해서 전혀 다른 로고를 제작할 수 있습니다. 우선 앞에서 진행본 로고를 기준으로 색상을 변경해보겠습니다.

색상만 변경했는데도 전혀 다른 느낌의 로고가 된 듯한 느낌입니다. 다음은 원형 대신 다각형 도구를 활용해 육각형 모양을 넣어보도록 하겠습니다.

다각형 도구를 활용해서 육각형 모양을 넣었고, 포인트를 주려고 펜 도구를 활용해서 육각형 도구에 선을 넣어보았습니다.

만들다 보니 빨간색과 파란색의 매치가 왠지 중국요리점을 떠올리는 것 같아서 아래 'ㅠ' 모양에서 요리 도구인 칼 모양을 심플한 느낌이 나도록 펜 도구로 선 하나를 추가해서 만들어 보았습니다. 이름도 실제 업체명에서 가명으로 제작했고, 하단에 서비스를 소개하는 글도 다른 내용으로 적어보았습니다. 이처럼 동일한 느낌의 심플한 로고가 있더라도 어떤 식으로 생각해서 제작하느냐, 그리고 어떤 색상을 넣느냐에 따라 전혀 다른 모양의 로고로 제작할 수 있습니다.

다선 로고 예시로 본격적인 로고 디자인을 만들기 전에 간단하게 로고를 만드는 방법을 공유
해보았습니다. 실제로 제작한 로고가 오프라인 매장에 적용이 된 사진을 위 그림에서 확인할
수 있습니다. 로고나 브랜드는 정체성을 담아야 하고 많은 고민이 뒤따르지만, 필자는 개인적
으로 비전공자들이 로고와 일러스트레이터의 영역에 쉽게 입문하고 적더라도 수익을 낼 수 있
도록 진행해보자는 취지로 활동하고 있기 때문에 이러한 점들을 감안하여 내용을 이해해주시
면 좋겠습니다.

5.4 로고 디자인 만들기

본격적인 실습으로 여러 사례의 로고들을 연습하고 일러스트레이터의 도구들을 활용하여 실
력을 키워보도록 하겠습니다. 일러스트레이터는 다양한 기능들이 존재하지만 책에서는 기본
도구를 기반으로 제작을 진행할 예정입니다. 개인적으로 개별 도구들이 어떤 기능을 하는지
숙지하면서 제작하기보다는 만들면서 하나씩 도구를 익히며 학습하는 것이 더 빠르게 도구를
익힐 수 있는 방법이라고 생각합니다. 따라서 외운다기보다는 다양한 예제들을 설명하면서 따
라 만들어보면서 '이런 도구가 이런 기능을 하고, 로고를 만들 때 이런 식으로 도구를 쓰면 되

겠구나' 정도로 인식하고 제작하면 좋겠습니다.

예제 1 카페, 커피숍 - 커피숍 로고 만들기

이제 본격적으로 로고를 디자인해보겠습니다. 이번 장에서는 커피숍 로고를 제작해보려고 합니다.

앞에 이미지는 필자가 제작한 커피숍 로고인데, 그대로 따라서 제작해보도록 하겠습니다. 일단 어도비 일러스트레이터를 켜고 앞에서 배웠던 것처럼 일러스트레이터 화면 구성을 위해 새로 만들기(윈도우 단축키 ctrl + N)를 누르고 대지 사이즈를 폭 800px, 높이 800px로 설정한 후 색상 모드는 RGB 색상으로, 나머지 설정은 기본 설정으로 하고 오른쪽 하단에 있는 파란색 버튼인 만들기를 눌러 대지 화면으로 이동합니다.

TIP

필자가 예시로 제작한 커피숍 로고를 그대로 만들어볼 것이지만 본격적으로 로고를 제작할 때는 아이디어를 얻어야 하니 검색하는 습관을 들이는 것이 좋습니다. 그래서 차후 먼저 벤치마킹할 커피숍 로고 콘셉트를 핀터레스트나 비핸스, 구글 검색에서 다른 디자이너들은 어떤 식으로 만들었는지를 서칭해봅니다. 그중에 괜찮은 콘셉트들을 캡처 도구를 이용해서 가져온 뒤(여기서 캡처 도구는 다양하게 사용해도 되는데 필자의 경우 윈도우에 기본으로 설치되어 있는 도구를 이용하여 캡처했습니다) 참고하여 제작하겠습니다. 원칙적으로는 클라이언트가 원하는 콘셉트나 느낌, 컬러 등을 수집해서 가져와야 하지만 현재는 로고 디자인을 연습하는 것이므로 벤치마킹할 자료들을 가져온 뒤 참고하여 변형해 제작해보는 연습을 해보겠습니다.

참고로 온라인상에 노출되어 있는 로고들 중 상표나 저작권 등록이 되어 있는 로고를 그대로 베낀 뒤 판매하는 행위는 저작권 위반이 될 수 있습니다. 따라서 로고를 제작할 때는 벤치마킹할 로고들을 참고하여 새로운 방식으로 창작하거나 아이디어만 참고하고 새롭게 제작하는 방법을 연습해야 합니다. 처음에는 쉽지 않겠지만, 꾸준히 연습하다 보면 아이디어가 떠오르게

됩니다. 그리고 벤치마킹해서 제작하다 보면 자신만의 스타일이 담긴 로고들을 만들 수 있게
되리라 봅니다.

커피숍 로고들은 보통 엠블럼형 로고로 제작하거나 상징성 있는 모양을 가지고 있는 심벌 로
고로 제작하는 경우가 많습니다. 커피숍 로고의 형태는 직관적이고 심플한 형태의 로고들도
있고 다소 복잡해 보이지만 세련된 형태의 로고들도 존재합니다.

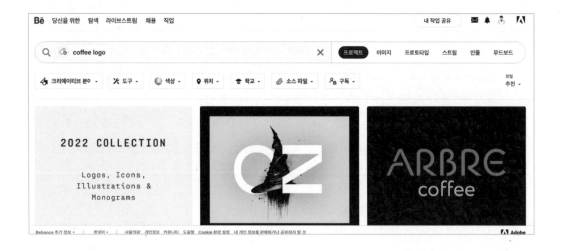

핀터레스트나 비핸스를 검색할 때 2D 로고뿐만 아니라 목업 이미지 형태의 3D 로고들도 살펴
보면 좋습니다. 제작한 로고가 어떤 식으로 작업이 되어 패키지나 간판, 명함 등에 사용되는지

알 수 있기 때문입니다. 뒤에서 목업 이미지를 제작하는 방법에 대해서도 설명하겠습니다.

엠블럼형 로고를 만든 카페 중에 대표적으로 스타벅스가 있습니다. 그리스 신화에서 나오는 인어의 모습을 한 세이렌(siren)이 뱃사람을 유혹하는 것처럼 사람들에게 커피를 마시게 하겠다는 의미로 제작되었다고 합니다.

국내에서는 메가커피가 있습니다. 메가커피의 영어 단어 중 MGC를 활용해 고객이 인지하기 쉽도록 직관적인 형태의 커피잔 모양의 로고를 제작한 것을 볼 수 있습니다.

같은 커피숍 로고라도 심플한 콘셉트의 로고를 제작할 수 있는 디자이너가 있고, 세련된 콘셉트의 로고를 제작할 수 있는 디자이너가 있는 등 다양한 콘셉트의 디자이너가 있기 때문에 그 콘셉트를 찾아야 합니다.

일러스트레이터 대지 화면으로 돌아오겠습니다. 이번 커피숍 로고에서는 패스파인더 기능을 중점적으로 활용한 심벌 로고를 제작해보겠습니다. 설명의 편의를 위해 제가 만들었던 로고를 그대로 따라서 만들어 도구를 사용해보겠습니다.

먼저, 원형을 만듭니다. 원형은 일러스트레이터 왼쪽 도구창에서 도형 도구를 마우스로 꾹 누르면 여러 도형 모양이 나오는데, 거기서 원형 모양의 도구를 클릭하고 그 다음 화면에서 클릭 드래그하여 제작하면 됩니다. 이때 정사이즈로 원형을 키우고 싶으면 shift + 드래그하여 도형을 제작하면 정사이즈로 도형이 커지는 것을 볼 수 있습니다.

도형을 제작한 후 다양한 방식으로 도형을 가공할 수 있는데, 필자가 제작한 커피숍 로고는 반달 모양처럼 반이 잘린 형태의 로고로 제작했습니다. 우리는 여기서 패스파인더 기능을 이용하여 도형을 가공할 겁니다. 먼저 윈도우-패스파인더를 클릭하여 패스파인더 도구창을 엽니다. 다음에 제작한 원형에 원형을 한 개 더 만들어서 겹치는 모양으로 제작합니다.

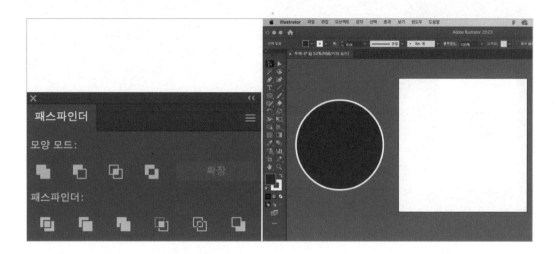

다음은 펜 도구를 이용하여 반원 모양을 만듭니다.

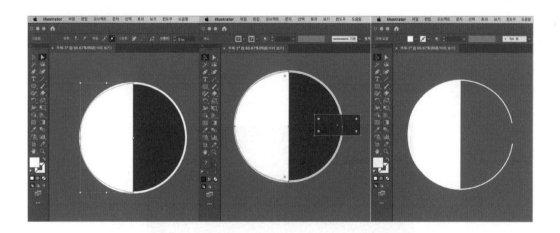

그다음, 사각형을 반원 사이에 매치합니다. 그리고 패스파인더에서 나누기 버튼을 클릭하고 오른쪽 버튼을 클릭하여 그룹풀기를 한 다음 초록색 부분을 제거하면 반원 형태의 심벌을 완성할 수 있습니다.

다음은 텍스트입니다. 이 부분은 눈누라는 사이트에서 검색해보겠습니다. 눈누는 다양한 무료 폰트들을 모아놓은 사이트입니다. 추천 폰트들이 뜨는데 여기에 브랜드명을 치면 폰트가 적용된 결과를 확인할 수 있습니다.

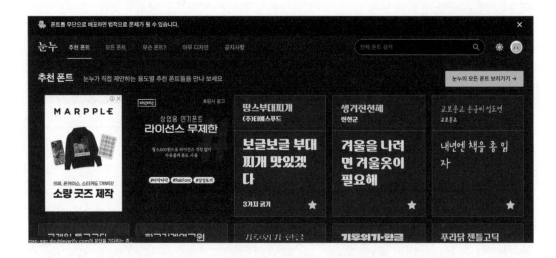

눈누에서 주의해야 될 점은 BI/CI로 이용이 가능한 폰트를 사용해야 한다는 것입니다. 확인 방법은 해당 폰트 다운로드 버튼을 누르면 폰트를 제작하는 사이트로 이동합니다. 거기서 라이선스 관련 범위를 확인할 수 있습니다.

필자의 경우, 초기엔 폰트를 그대로 사용하는 경우도 있었지만 현재는 BI/CI 사용 가능한 폰트에 요소들을 조금씩 변형해서 제작하고 있습니다. 예를 들어, 자간이나 행간 등을 조절해도 다른 느낌이 날 수 있고 각진 것을 둥글게 제작할 수도 있습니다.

여기서는 나눔스퀘어라는 폰트를 활용해서 로고에 필요한 폰트를 제작해보겠습니다.

나눔스퀘어폰트는 네이버에서 제공하는 무료폰트이므로 다운로드 버튼을 클릭하면 해당 사이트로 이동하고 나눔글꼴 내려받기를 클릭한 다음 파일들을 설치하면 됩니다.

로고 폰트에서는 윤곽선 만들기를 이용해야 폰트에 그러데이션을 적용할 수 있습니다. 윤곽선 만들기는 쉽게 폰트를 도형처럼 만들기 위해 테두리를 입히는 작업이라고 보면 됩니다.

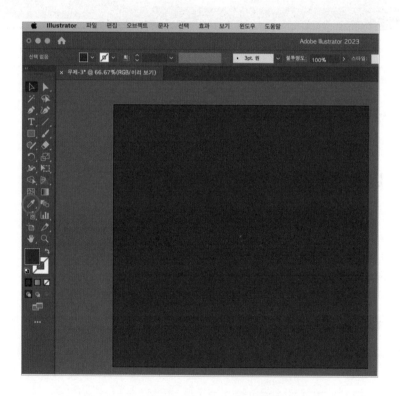

폰트와 심벌을 넣기 전에 도형 도구에서 사각형 도구를 통해 사각형을 만들고 스포이드 도구 (윈도우 기준 단축키는 i입니다)를 활용해서 배경색을 가져옵니다.

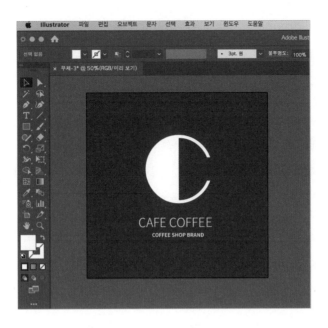

앞서 제작했던 심벌과 다운로드했던 폰트로 따라 만들려고 했던 로고의 내용을 그대로 가지고
와서 제작을 하면 앞의 화면과 같은 로고가 완성됩니다. 여기서 메인 폰트를 좀 더 강조하고 싶
다면 상단 메뉴에서 문자 패널을 이용하여 Bold를 설정하면 두꺼운 느낌의 메인 폰트를 볼 수
있습니다.

이제 거의 마무리되었습니다. 다음은 만약 내가 만든 로고를 판매한다고 했을 때 고객에게 발송하기 전 폰트 부분에 윤곽선 만들기를 해줘야 합니다. 해당 폰트의 경우 필자는 다운로드해서 설치를 진행했지만, 일러스트레이터 파일을 받아보는 상대방이 폰트를 다운로드 하지 않았다면 해당 폰트가 어떤 것인지를 알 수 없기 때문입니다.

윤곽선 만들기는 해당 폰트를 클릭한 뒤에 상단 메뉴에서 문자-윤곽선 만들기를 클릭하면 됩니다. 말 그대로 윤곽에 선을 만드는 작업으로, 이 작업을 하면 폰트가 아니라 도형으로 인식을 하게 됩니다. 윤곽선 만들기를 하면 폰트처럼 내용은 수정할 수 없으니 유의하여 작업해야 합니다.

필자의 경우, 클라이언트 측에서 원하는 폰트가 있을 때에는 사용할 폰트를 알려주기도 합니다. 단, 앞에서 언급했듯이 BI/CI가 사용이 가능한 무료 폰트일 때 가능합니다.

지금까지 커피숍 로고를 제작했습니다. 도형 도구에서 원형을 활용했고 패스파인더 기능을 사용해서 나누었으며 마무리로 눈누에서 폰트들을 다운로드 받고 활용해서 만들어보았습니다.

예제 2 명인국밥집 - 국밥집 업체의 로고 만들기

이번에는 국밥집 로고를 제작해보겠습니다. 구글에 국밥집 로고를 검색해봅니다. 한글로 이루어진 형태의 로고들이 많은 것을 볼 수 있습니다. 이외에 빨간색 도형 이미지도 한글 주변으로 넣어진 것을 볼 수 있습니다. 참고로 빨간색은 식욕을 불러일으킨다고 하여 식품 업계에서 자주 사용하는 색입니다.

다양한 형태의 국밥집 로고들이 나오는데, 여기서 특징은 국밥집 로고들은 대부분 심벌 로고보다는 타이포 형태의 로고들이 많다는 것입니다. 타이포 로고는 앞에서 설명한 대로 글자로 이루어진 로고를 말합니다.

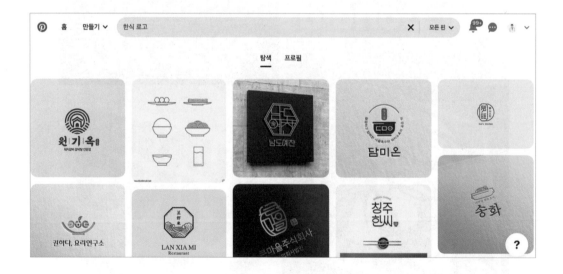

핀터레스트에서 검색했을 때는 상징성 있는 심벌 형태의 로고와 한글이 병행되어 만들어진 로고들을 확인할 수 있습니다. 이처럼 주변에서 심심치 않게 접할 수 있는 국밥집 로고 중에는 한글을 심벌로 형상화해서 제작된 로고가 많습니다.

이제 국밥집 로고를 제작해보겠습니다. 여러 국밥집 콘셉트의 로고들 중 심플하게 제작할 수 있는 폰트 로고로 제작해보겠습니다. 처음 과정들을 다시 한다 생각하고 일러스트레이터를 켜 보겠습니다. 이번 국밥집 로고를 제작할 때는 폰트와 도형 도구를 중점적으로 활용한 폰트 로고 형식으로 제작하겠습니다.

오른쪽에 있는 폭과 높이를 500px*500px로 설정하고 단위는 픽셀로 설정합니다. 마지막으로 색상 모드에서 RGB 색상으로 설정되었는지 확인하고 만들기 버튼을 누릅니다.

대지 화면이 나왔습니다.

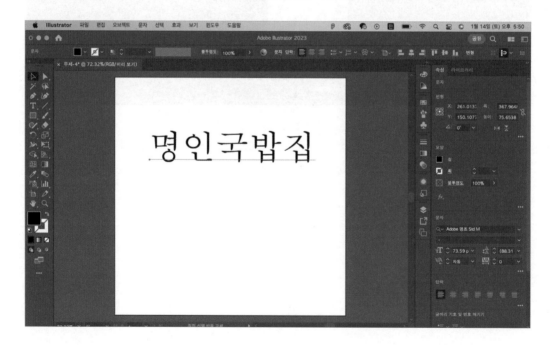

화면에서 제작하려고 했던 로고 이름은 가칭을 써서 명인국밥집으로 제작해보겠습니다. 타이포 로고와 같은 경우, 폰트 선정이 중요해서 바로 눈누로 접속해서 폰트들을 선정해보겠습니다.

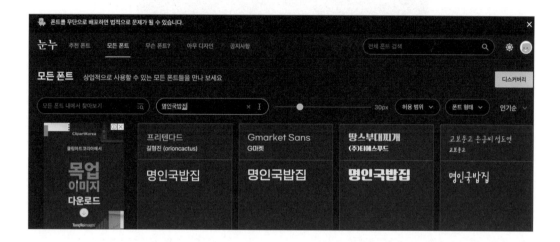

눈누에서 명인국밥집이라는 단어를 넣어보고 국밥집의 콘셉트와 어울리는 폰트들이 있는지를 확인합니다.

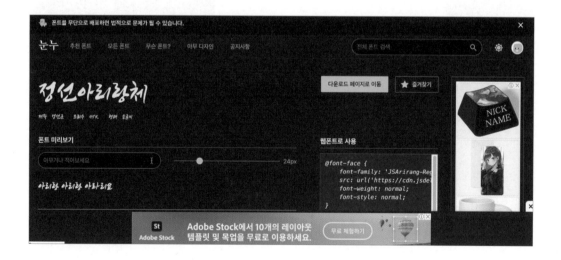

정선군에서 제공하는 정선아리랑체라는 폰트가 눈에 들어옵니다. 다운로드 버튼을 클릭해 정선군 사이트로 이동합니다.

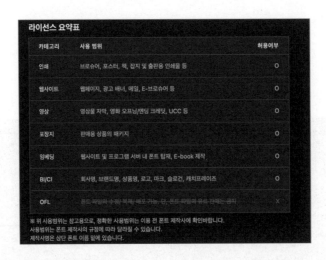

라이선스 요약표		
카테고리	사용 범위	허용여부
인쇄	브로슈어, 포스터, 책, 잡지 및 출판용 인쇄물 등	O
웹사이트	웹페이지, 광고 배너, 메일, E-브로슈어 등	O
영상	영상물 자막, 영화 오프닝/엔딩 크레딧, UCC 등	O
포장지	판매용 상품의 패키지	O
임베딩	웹사이트 및 프로그램 서버 내 폰트 탑재, E-book 제작	O
BI/CI	회사명, 브랜드명, 상품명, 로고, 마크, 슬로건, 캐치프레이즈	O
OFL	폰트 파일의 수정/복제/배포 가능. 단, 폰트 파일의 유료 판매는 금지	X

※ 위 사용범위는 참고용으로, 정확한 사용범위는 이용 전 폰트 제작사에 확인바랍니다.
사용범위는 폰트 제작사의 규정에 따라 달라질 수 있습니다.
제작사명은 상단 폰트 이름 밑에 있습니다.

정선아리랑체에 BI/CI가 활용가능한지 확인하고 다운로드를 진행합니다. 정선아리랑체 폰트는 상업적으로 활용이 가능하여 진행해보겠습니다.

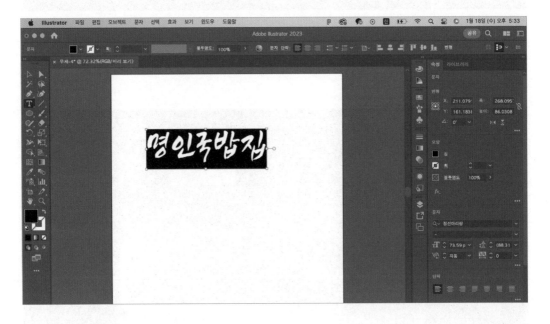

다운로드 받은 정선아리랑체를 설치하고, 일러스트레이터 상단 문자 패널에서 정선아리랑을 검색하니 해당 폰트가 설치된 것을 확인할 수 있습니다. 폰트를 적용하면 위 화면과 같이 적용된 것을 볼 수 있습니다. 이처럼 폰트만 적용했는데도 국밥집의 느낌이 나는 것을 볼 수 있습니다.

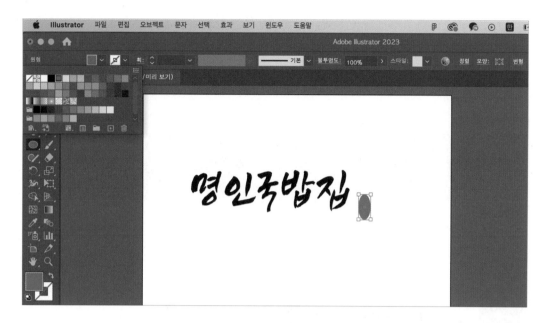

다음은 국밥집 옆에 도장 모양을 만들어보도록 하겠습니다. 도장 모양은 도형 도구에서 원형 도형으로 만들어보겠습니다. 원형 도구로 도형을 만드는데, 약간 타원 형태의 원형으로 제작해보겠습니다.

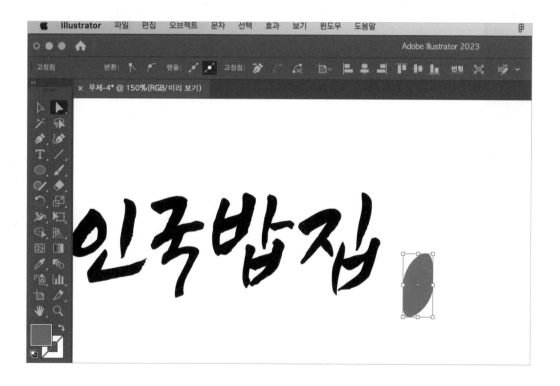

일러스트레이터 화면을 확대해서 원형을 다듬어보겠습니다. 왼쪽 도구에서 직접 선택 도구를 클릭하고 원형을 클릭하면 앞의 화면과 같이 원 모양을 조절할 수 있게 점들이 나옵니다. 그 점들을 직접 선택 도구를 이용하여 움직여, 자연스럽게 도장 느낌이 나도록 조정해보겠습니다.

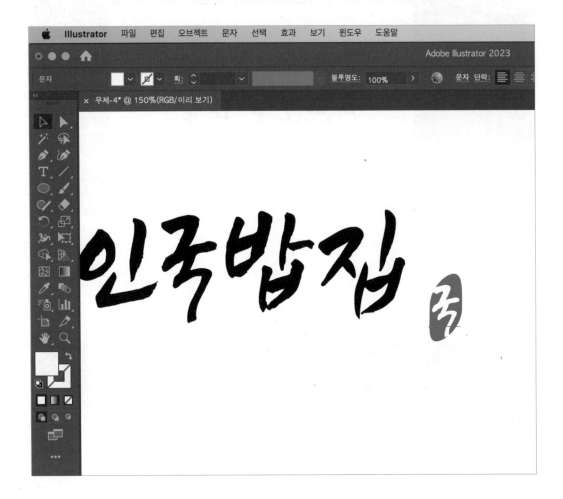

필자의 경우, 보통 도장 부분에 한자를 넣는 편이긴 하지만 이번에는 정선아리랑 폰트로 '국' 자를 넣어보겠습니다. 왼쪽 도구창이나 왼쪽 상단에서 폰트에 원하는 색상을 집어넣을 수 있습니다. 여기서는 흰색으로 설정해보았습니다.

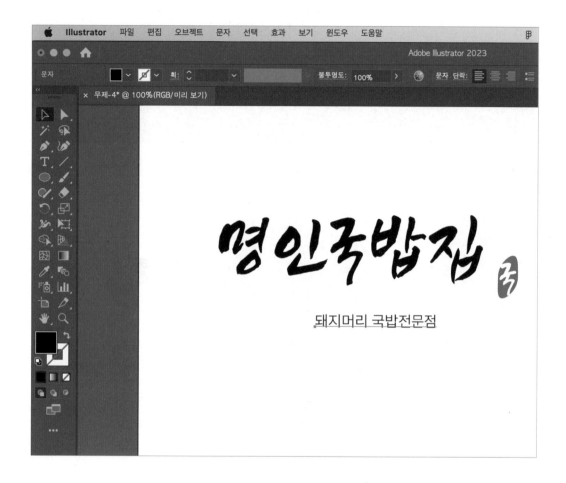

확대했던 화면을 전체적으로 볼 수 있게 줄이고, 명인국밥집 하단 부분에 서비스를 한눈에 알 수 있도록 그냥 국밥집이 아닌 돼지머리 국밥전문점으로 설명을 추가해 표현해보겠습니다. 이 때 사용되는 폰트는 처음 실습 때 다운로드 받았던 폰트인 나눔스퀘어입니다. 위와 같이 국밥 집 로고가 완성된 것을 확인할 수 있습니다.

작업 이후에는 윤곽선 만들기 버튼을 클릭하여 텍스트를 도형으로 인식시키는 작업을 합니다.

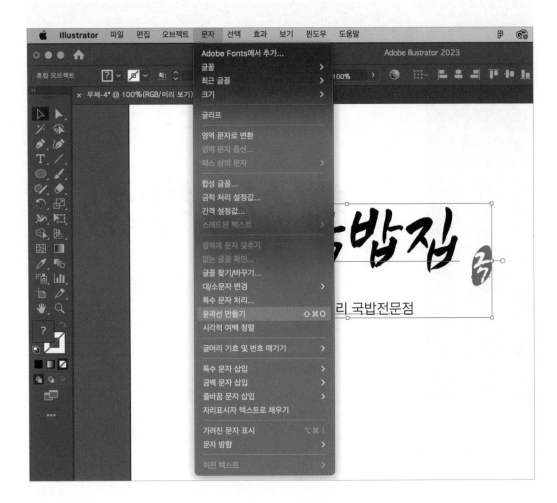

필자의 경우, 위와 같이 로고를 완성하고 난 뒤에 기본 로고를 제외하고 배경 색상이 있는 컬러로도 제작해서 고객에게 제안하는 편입니다. 보통은 흰색 배경에 제작하고 검정색 배경으로 제작해서 두 가지 정도 제작하는데 위에 이미지는 레드 컬러까지, 총 세 가지로 배경색을 넣어보겠습니다.

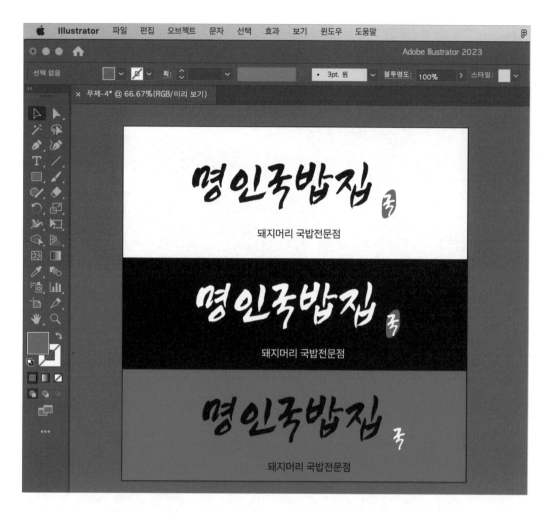

보편적으로 흰색 배경은 어떤 컬러에도 조합이 잘됩니다. 검정색 배경의 경우 보통은 흰색 로고로 제작해서 제안하는 편입니다. 레드 컬러 같은 경우에는 원색이라 잘 사용하지는 않지만 제작해보았습니다. 이 경우에는 검정색 로고로 제작할 때도 있지만 흰색 로고로 제작해도 가독성이 좋은 편입니다. 실습해본 국밥집 로고를 응용하면 다음과 같은 이미지로 로고를 제작할 수도 있습니다.

예제 3 바른우리병원 - 병원에 필요한 로고 만들기

이번에는 병원 로고를 제작해보도록 하겠습니다. 핀터레스트에서 검색해보겠습니다.

핀터레스트에서 검색해보면 다양한 형태의 병원 로고들이 보입니다. 병원 로고의 경우 대부분 십자가 모양의 심벌 로고에 텍스트로 이루어진 로고들이 많이 보인다는 특징이 있습니다.

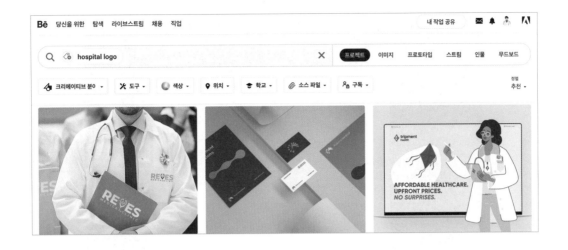

비핸스에서 검색을 진행했을 때도 마찬가지로 다양한 형태와 다양한 색상의 로고들이 나오는데 핀터레스트에서 검색한 것과 비슷하게 십자가 모양의 심벌 모양과 텍스트가 합해진 로고인 심벌 형태의 로고들이 많이 보입니다. 서칭이 끝났다면 이제 일러스트레이터를 켜보겠습니다.

오른쪽에 있는 폭과 높이를 500px*500px 설정하고 단위는 픽셀로 설정합니다. 마지막으로 색상 모드에서 RGB 색상으로 체크되어 있는지를 확인하고 만들기 버튼을 누릅니다.

대지 화면이 나왔습니다.

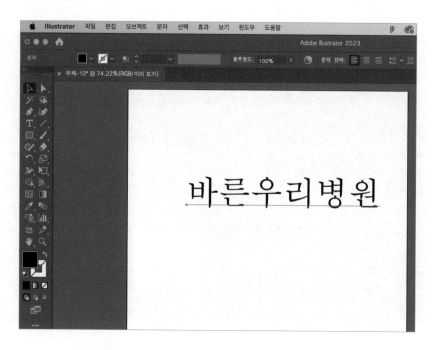

만들어진 화면에서 제작하려고 했던 로고는 가칭으로 바른우리병원으로 만들어보겠습니다.
병원을 상징하는 십자가 모양을 먼저 제작해보겠습니다.

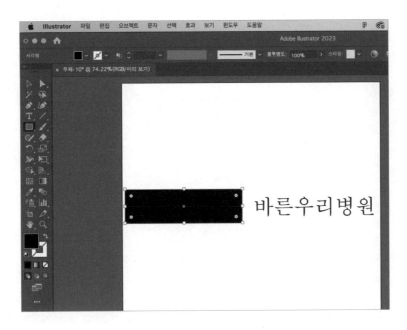

왼쪽에 도형 도구-사각형 도구를 활용해 사각형을 2개 만들어보겠습니다.

2개의 사각형을 겹치면 심벌 모양의 초기 형태가 완성됩니다. 십자가 컬러는 일러스트레이터 RGB 기본 컬러 중에서 선정해보겠습니다. 원색 계열이 아닌 약간 톤 다운된 블루 컬러로 정해 보았습니다. 컬러 넘버는 #33ACE0입니다.

다음은 도형에 딱딱한 느낌을 줄여보고자 라운딩 처리를 해보겠습니다.

도형을 확대해서 보면 사각형 도형 양쪽 끝에 원형의 점과 같은 표시가 보입니다. 그 점 가운데 하나를 클릭한 상태에서 안쪽으로 당겨줍니다.

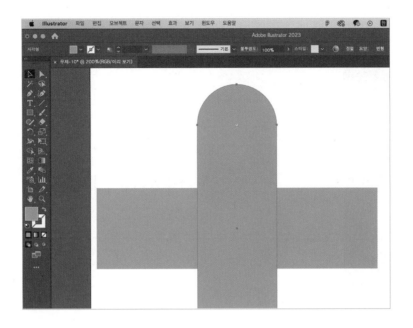

라운딩 처리가 된 것을 확인할 수 있습니다. 반대편에 있는 사각형도 마찬가지로 작업해보겠습니다.

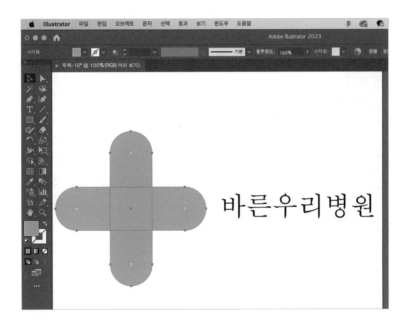

앞서 딱딱한 느낌의 십자가보다 훨씬 부드러운 느낌의 십자가로 만들어진 것을 볼 수 있습니다.

그린 컬러를 오른쪽 상단에 있는 RGB 컬러에서 선정하여 두 가지 컬러를 넣어보았습니다. 컬러 번호는 #38A499입니다.

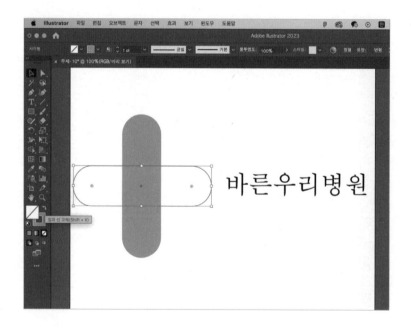

왼쪽 메뉴창에서 칠과 선 교체 버튼을 클릭해서 면 도형을 선으로 변환시킵니다.

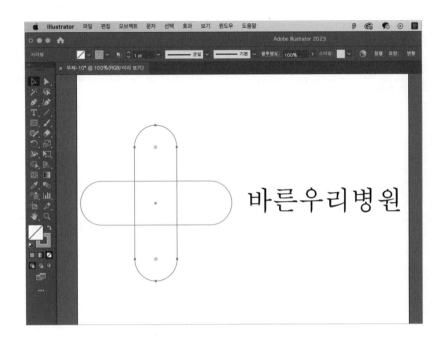

다음은 상단 획 메뉴에서 획 두께를 8px 정도로 설정해보겠습니다.

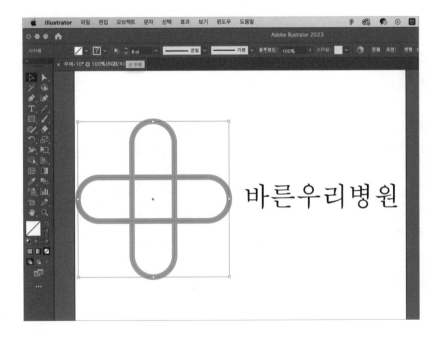

다음은 선을 도형으로 변환시켜보겠습니다.

오브젝트를 클릭하고 확장을 클릭합니다.

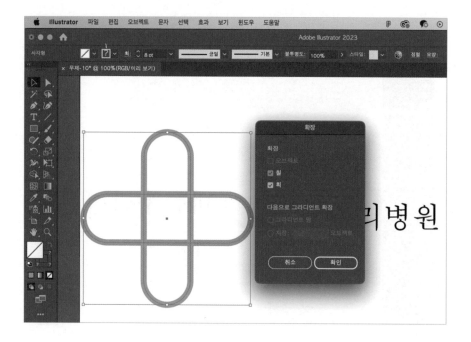

다음에 칠, 획에 체크하고(이미 체크되어 있을 겁니다) 확인을 누릅니다.

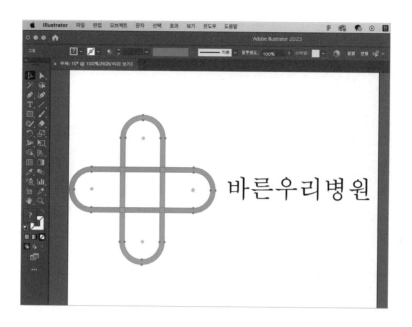

이제 선이 도형으로 변환된 것을 볼 수 있습니다.

다음은 변환된 도형을 패스파인더를 활용해서 가운데 십자로 겹친 부분을 제거해보겠습니다.
상단 메뉴에서 윈도우 다음 패스파인더를 클릭합니다.

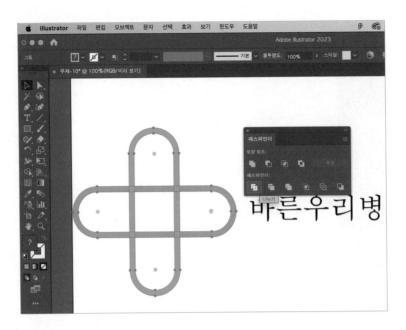

이제 패스파인더 도구가 나오는데, 여기서 나누기 버튼을 클릭합니다.

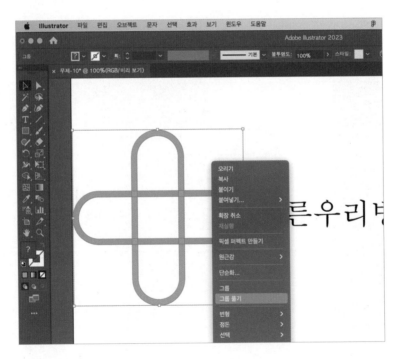

도형 버튼을 우클릭하고 그룹 풀기를 누른 다음 십자로 겹친 선들을 제거합니다. 제거할 때는 Delete 버튼을 눌러서 제거하면 됩니다.

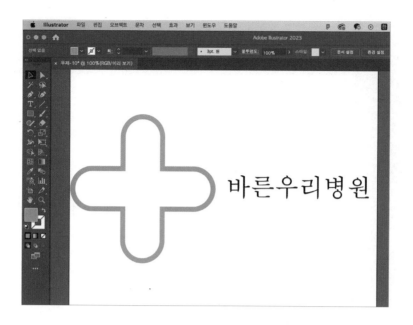

가운데 선을 모두 제거했습니다. 앞서 벤치마킹할 때 확인했던 병원 로고들을 참고해서 펜 도구를 활용하여 가운데 선을 이어보겠습니다.

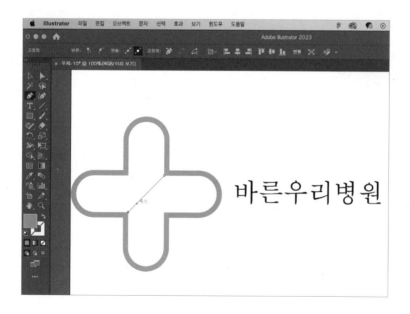

필자의 경우, 정확도를 위해서 펜 도구를 클릭하고 시작점과 끝점을 shift 버튼을 클릭하면서 펜 도구 라인을 잡습니다.

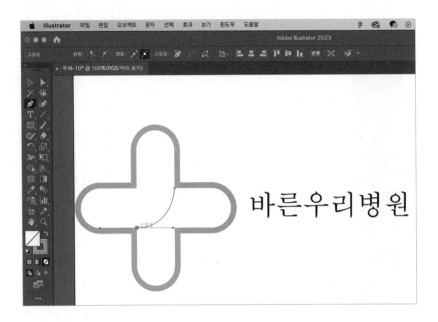

라운드 모양의 선이 완성되고 선택 도구 버튼을 클릭하면 하나의 선으로만 제작이 완료됩니다. 상단 획에서 두께를 키워보겠습니다.

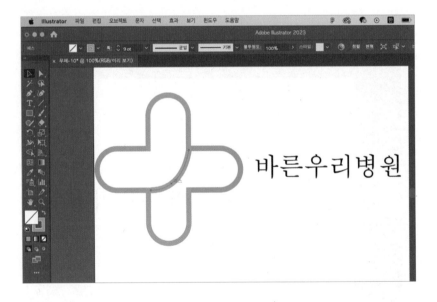

선 두께를 8px 정도 키우면서(8px보다 크거나 작거나 하는 등의 두께 차이가 나면 십자가 모양의 두께와 일치할 수 있게 임의로 조절합니다) 왼쪽 도구창에서 스포이드 도구를 활용하여 블루 계열의 선과 색상을 일치시킵니다.

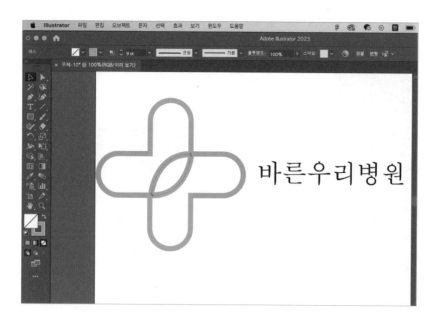

반대쪽도 마찬가지로 펜 도구를 활용해서 선을 제작하고 두께를 키웁니다.

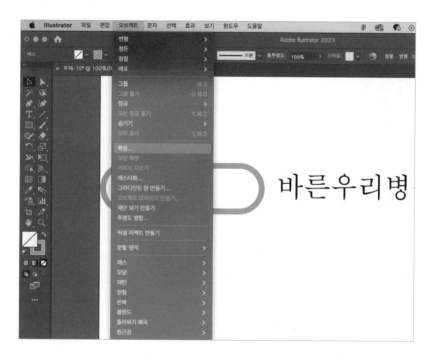

제작한 선도 마찬가지로 도형으로 변환시킵니다. 앞에서 했던 방식과 동일하게 오브젝트에서
확장 버튼을 클릭하여 도형으로 제작합니다.

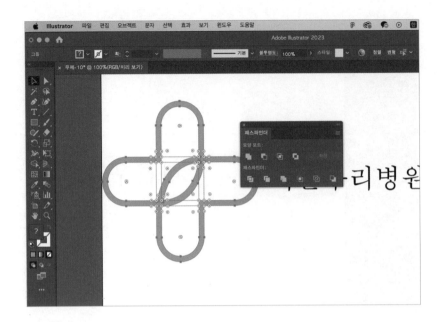

패스파인더에서 나누기 버튼을 클릭합니다.

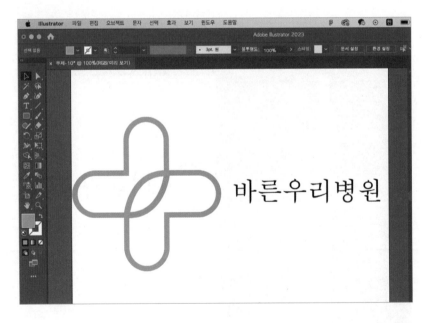

다음은 나누어진 도형에 스포이드 도구들을 활용해서 색상을 각각 다르게 입혀보겠습니다.

Alt 버튼을 클릭한 상태에서 마우스 휠로 화면을 축소합니다. 오른쪽에 있던 바른우리병원 키워드를 하단으로 옮겨보겠습니다. 이로써 상단에 심벌 모양의 로고를 완성하였습니다. 이제는 하단에 폰트를 선택해보겠습니다.

눈누에 접속해서 폰트를 확인합니다. 모든 폰트를 클릭해서 업체명인 바른우리병원을 입력하면 앞의 화면처럼 미리 폰트들을 볼 수 있습니다. 병원마다 콘셉트가 다양하지만, 보편적으로 병원은 그 단어가 주는 딱딱한 느낌이 있기 때문에 그런 느낌으로 찾아봤습니다.

필자는 세방고딕 폰트를 선택했습니다. 오른쪽 상단 다운로드 버튼을 클릭해서 해당 폰트를
배포하는 업체 사이트로 이동합니다.

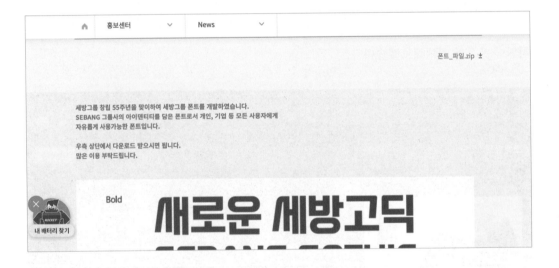

해당 폰트가 BI/CI로 활용 가능한 폰트인지를 확인합니다. 밑줄 친 대로 해당 폰트는 자유롭게
사용 가능한 폰트라고 확인했으니 다운로드 받습니다. 다운로드 시 OTF, TTF 두 가지 방식이
있으니 편한 대로 다운로드 받고 설치하면 됩니다.

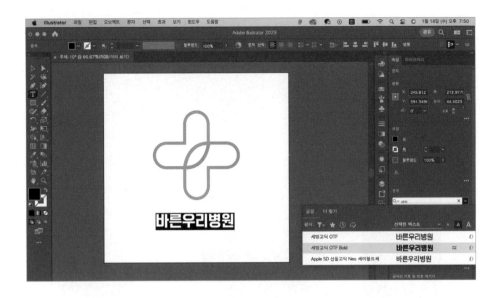

설치한 다음 일러스트레이터 화면으로 돌아옵니다. 상단 문자에 세방고딕을 검색하면 앞의 화면 과 같이 폰트를 사용할 수 있는 것을 확인할 수 있습니다. 세방고딕 Bold를 사용해보겠습니다. 폰트가 적용된 것을 확인할 수 있습니다.

바른우리병원 하단에 영문도 넣어보겠습니다. 영문명은 노토산스 폰트를 활용해서 적용해보 았습니다.

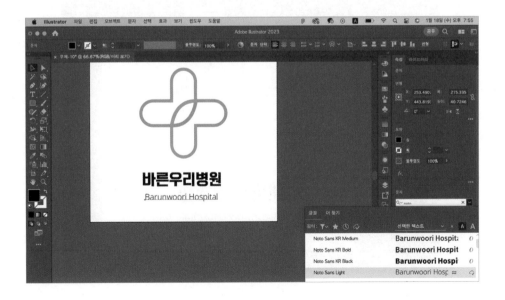

다음은 바른우리병원 폰트를 도형으로 변환시켜보겠습니다.

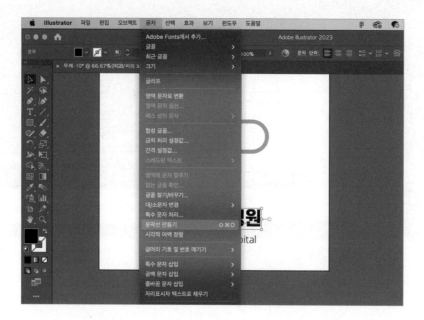

상단 메뉴에서 문자에서 윤곽선 만들기 버튼을 클릭해서 도형으로 변환시킵니다.

지금까지 한 번도 사용하지 않은 그라디언트 기능을 써보겠습니다. 위에서처럼 왼쪽의 바른우리병원을 드래그한 다음 그라디언트 버튼을 클릭합니다.

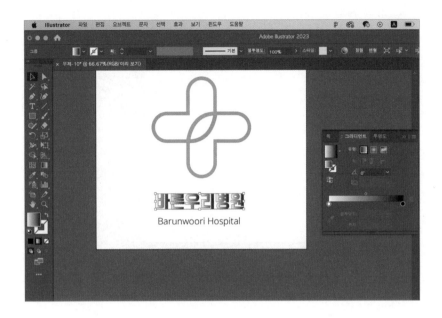

그러면 앞의 화면과같이 그라디언트 색상이 입혀진 폰트를 확인할 수 있습니다.

그라디언트 도구창 양쪽에 있는 흰색과 검정색 컬러를 변경해보겠습니다. 흰색 동그라미를 클릭한 다음에 밑에 있는 스포이드 도구를 클릭하여 상단에 있는 블루를 클릭합니다.

위와 같이 병원명이 블루로 변경된 것을 볼 수 있습니다. 다음은 옆에 있는 검정색 동그라미를 클릭하고, 마찬가지로 스포이드를 클릭하여 그린색을 클릭합니다.

그러면 폰트가 왼쪽에는 블루 컬러, 오른쪽에는 그린 컬러로 변경된 것을 볼 수 있습니다.

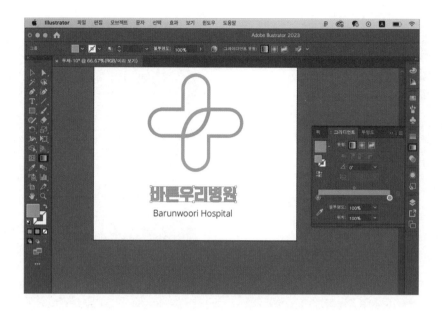

선택 도구 버튼을 클릭하면 마무리됩니다. 이제 영문명으로 된 바른우리병원을 변경해보겠습니다. 먼저 사이즈를 줄입니다.

폰트를 클릭하고 shift 버튼을 클릭해서 균일하게 크기를 줄입니다.

ctrl+T 버튼을 클릭하면 텍스트 자간과 행간을 조정할 수 있는 도구창이 나옵니다. 여기서 문자의 자간 설정에서 사이즈를 조절해서 자간 간격을 200 정도로 넓히겠습니다.

자간이 넓어진 것을 확인할 수 있습니다.

바른우리병원 로고를 완성하였습니다.

이번에는 컨설팅 업체 로고를 제작해보겠습니다. 핀터레스트에서 검색합니다.

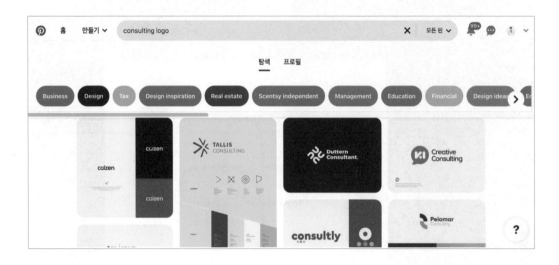

컨설팅 업체의 경우, 종류가 다양하기에 다른 로고들보다 더 다양한 형태의 로고들이 나오게
됩니다. 컬러는 주로 기업을 상대하는 업체 성향을 감안하여 차분한 블루 컬러나 톤 다운된 그
린 컬러로 로고가 제작되는 것을 확인할 수 있습니다.

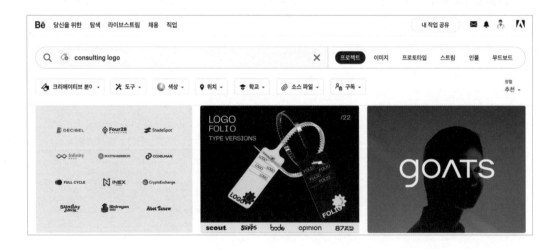

비핸스에서는 목업 이미지 형태의 이미지들을 볼 수 있는데 핀터레스트와 비슷하게 다양한 형태와 컬러의 컨설팅 업체 로고들을 확인할 수 있습니다. 일러스트레이터를 열어보겠습니다. 이번에 제작할 때는 사각형 도형과 패스파인더 기능을 활용한 심벌 로고로 제작해보겠습니다.

오른쪽에 있는 폭과 높이를 500px*500px로 설정하고 단위는 픽셀로 설정합니다. 마지막으로 색상 모드에서 RGB 색상으로 체크되어 있는지를 확인하고 만들기 버튼을 누릅니다.

대지 화면이 나왔습니다.

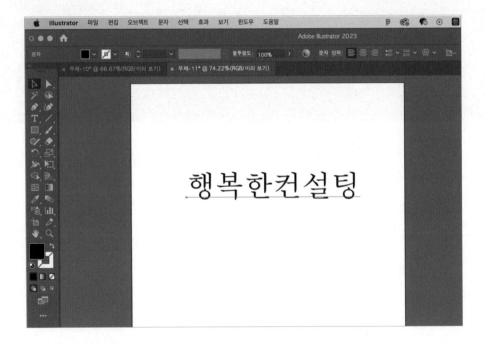

컨설팅 업체명을 가칭 행복한컨설팅으로 제작해보겠습니다.

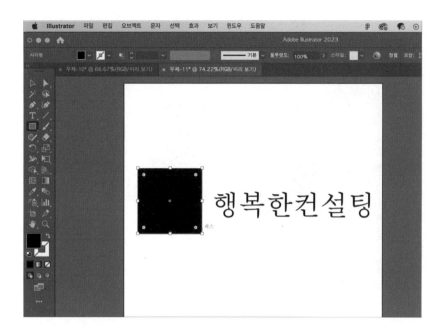

도형을 활용해서 심벌을 제작해보겠습니다. 왼쪽 도구창에서 도형 도구에서 사각형 도구를 활용하고 shift 버튼을 누르면서 드래그하여 균일한 사각형 모양을 만듭니다.

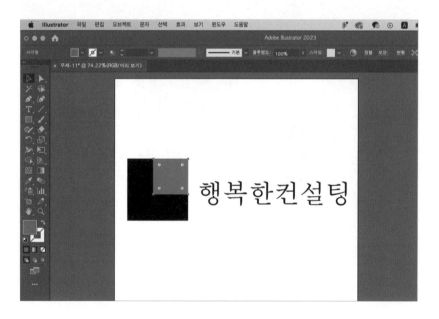

Alt 버튼을 눌러서 기존 사각형을 클릭하고 드래그하면 복사가 되는데 도형을 복사하여 사각형 도형을 하나 더 만들고, 사각형 사이즈를 기존 사각형보다 1/4 정도로 줄여서 배치합니다.

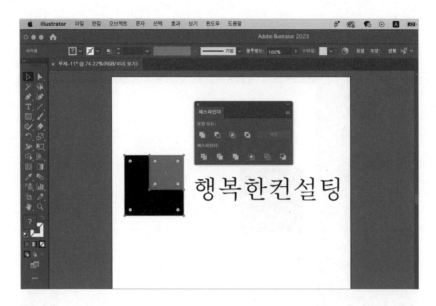

상단 메뉴에 있는 윈도우에서 패스파인더 기능을 활용해서 도형을 나눠보겠습니다. 패스파인
더 기능 중 나누기 기능을 활용해서 도형을 나눕니다.

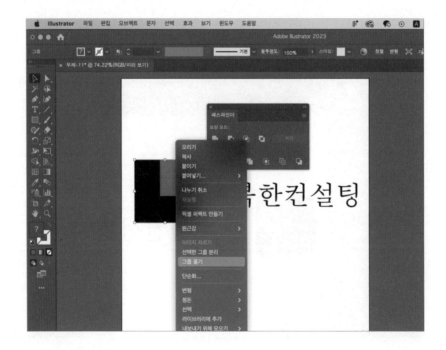

패스파인더에서 나누기 버튼을 클릭한 다음 도형의 오른쪽 버튼을 클릭하여 그룹 풀기를 진행
합니다.

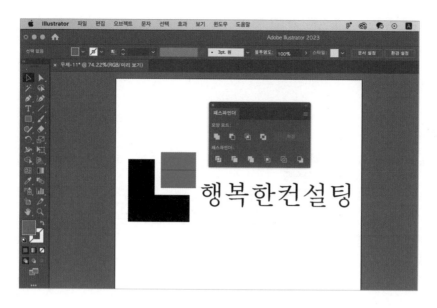

분리된 도형 중 빨간색으로 체크된 사각형을 드래그하여 약간 이동시켜보겠습니다. 그다음 정사각형 모양의 빨간색 도형을 클릭 후 드래그해서 사이즈를 줄입니다.

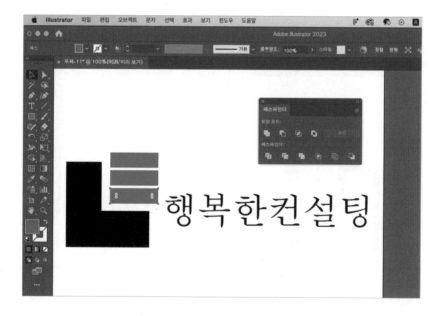

크기를 줄인 직사각형 모양의 빨간 도형을 Alt 버튼을 누르면서 드래그하여 2개 더 복사합니다. 균일하게 복사를 진행하려면 Ctrl+D 버튼을 누르면 동일한 간격으로 복사가 되는데, 전제 조건은 2개 이상의 도형을 복사해야 균일하게 복사를 진행할 수 있습니다.

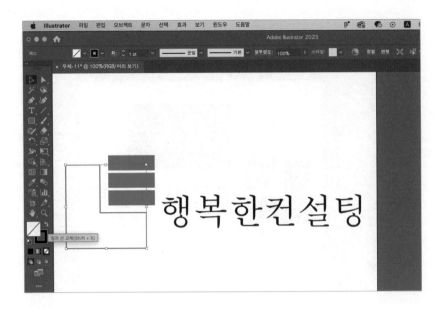

다음은 검정색 도형에 요소를 주겠습니다. 왼쪽에 있는 선과 칠 교체 버튼을 누르면 선에만 검정색 색상이 입혀집니다. 상단의 획 부분에서 획 두께를 키워보겠습니다.

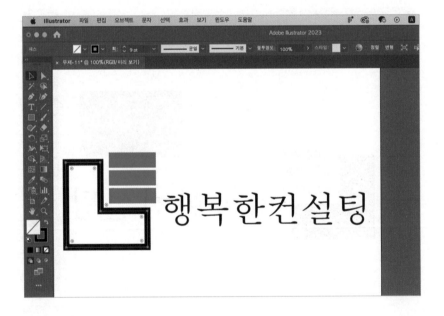

약간 두껍게 15px 정도로 두께를 넣어보았습니다. 다음은 도형에 컬러를 입혀보겠습니다. 컨설팅 업체이기에 약간은 차분한 느낌을 주기 위해 블루 톤으로 넣어보겠습니다. 컬러 번호는 #134F99입니다.

왼쪽에 칠 버튼을 더블클릭하면 하단에 #○○○○○○ 식으로 표시되어 있는데 여기에 컬러 번호를 입력하면 됩니다. 다른 컬러를 사용해도 좋습니다.

 스포이드 기능을 사용하다가 간혹 칠과 선이 뒤집혀서 색상이 입혀지는 경우가 있습니다. 이런 경우, 왼쪽에 칠과 선 교체로 변경해주면 됩니다.

색상을 입히고 3개의 직사각형 도형을 큰 사각형 라인에 맞춰서 넣습니다.

정확하게 가로세로를 맞춰야 할 때는 단축키 Ctrl+R 버튼을 눌러 가로세로 끝에 격자 모양이
나오게 합니다. 격자에 마우스 클릭 후 드래그하면 선들이 나옵니다.

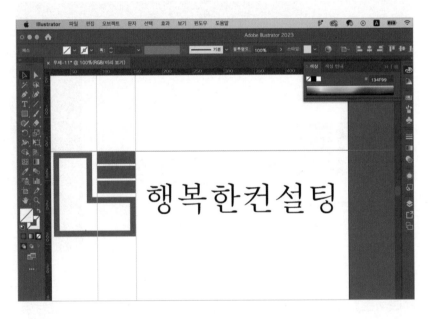

Alt 버튼을 누르면서 마우스 휠을 움직여서 확대해보면, 격자 모양 대로 가로와 세로 라인이 정
확하게 맞는지 확인해볼 수 있습니다. 격자 모양을 지우려면 선을 클릭하고 Delete 버튼을 클
릭하면 지워집니다.

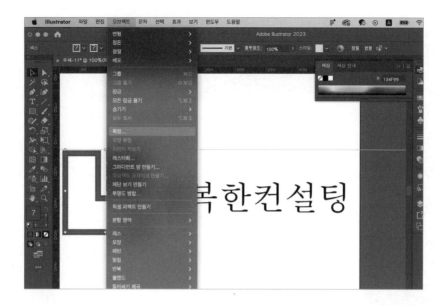

큰 사각형이 선이므로 도형으로 변환시킵니다. 드래그하여 오브젝트 모양 확장 버튼을 클릭하고 한 번 더 확장 버튼을 클릭합니다.

위 화면이 나오면, 칠과 획 버튼을 클릭하고 확인을 누르면 선이 면으로 변환됩니다.

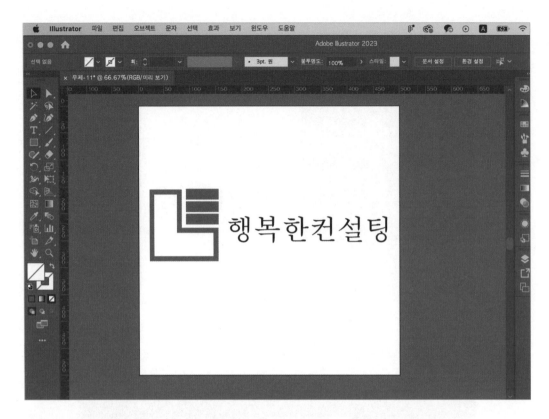

심벌이 완성되었습니다. 다음은 폰트를 변경해보겠습니다. 눈누에 접속합니다.

눈누에서 왼쪽 상단 창에다 업체명을 넣으면 여러 폰트에 적용된 모습들을 볼 수 있습니다.

지마켓 산스 B 폰트를 다운로드 받겠습니다. 일단 BI/CI가 사용이 가능한 폰트인지 확인하기 위해 다운로드 버튼을 클릭하고 폰트 배포 업체 홈페이지로 이동합니다.

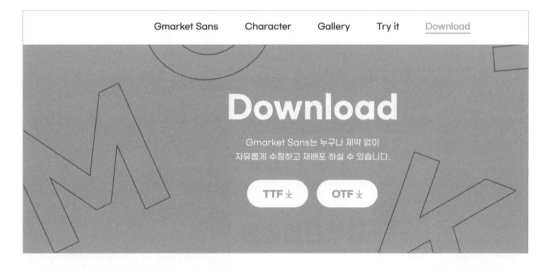

해당 홈페이지에 접속해 보니 BI/CI로도 폰트가 이용 가능하다는 것을 확인했습니다. TTF, OTF 중에 원하는 대로 다운로드하고 해당 폰트를 설치합니다.

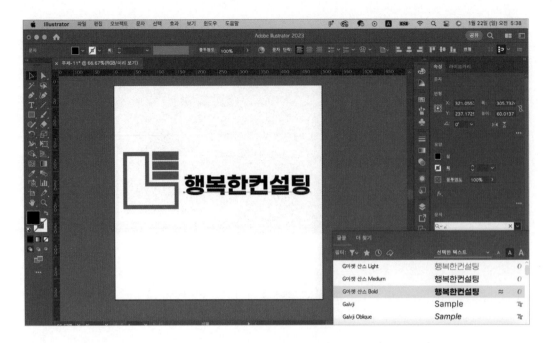

일러스트레이터로 다시 돌아와서 지마켓 산스 폰트를 검색하고 적용합니다.

지마켓 산스 폰트를 활용하여 적용해보았습니다. 전에 제작했던 것과 마찬가지로 심벌을 중앙에 배치하고 하단에 노토산스 폰트를 활용하여 브랜드컨설팅 전문업체라는 부제목을 작성해보겠습니다.

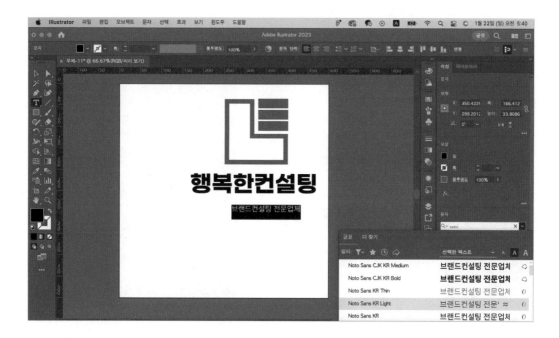

Shift 버튼을 누르고 해당 폰트를 클릭해서 부제목 사이즈를 줄이면 일정한 크기로 줄어듭니다. 다음은 Ctrl+T 버튼을 클릭하여 자간을 넓혀보겠습니다.

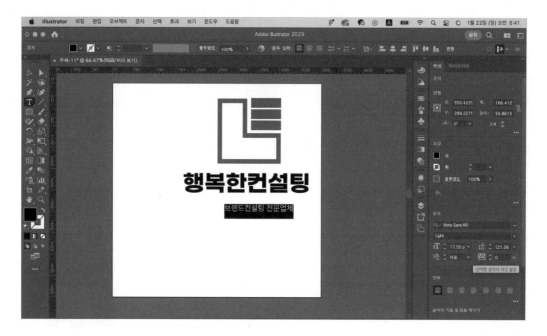

자간은 200으로 조절해보겠습니다.

컨설팅 업체의 로고를 완성했습니다.

예제 5 남해수산물 - 수산물 업체에 필요한 로고 만들기

이번에는 수산물 업체 로고를 제작해보겠습니다. 핀터레스트에서 검색해보겠습니다.

다양한 형태의 수산물 로고들이 보입니다. 수산물 로고들은 대부분 물고기 모양의 심벌 로고에 텍스트로 이루어진 것들이 많은 듯합니다. 검색 자료를 기반으로 수산물 로고를 제작해보겠습니다. 일러스트레이터를 켭니다.

오른쪽에 있는 폭과 높이를 500px*500px로 설정하고 단위는 픽셀로 설정합니다. 마지막으로 색상 모드에서 RGB 색상으로 체크되어 있는지 확인하고 만들기 버튼을 누릅니다.

대지 화면이 나왔습니다.

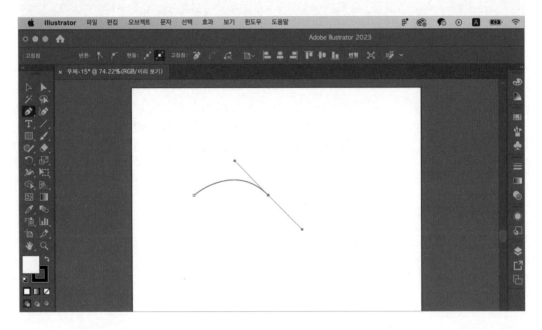

펜 도구를 이용하여 물고기를 만들어보겠습니다. 왼쪽에 있는 도구창에서 펜 도구를 클릭하여 둥근 선을 만듭니다. 펜 도구에서 다음 지점으로 클릭할 때는 alt 버튼을 눌러서 가운데 점을 클릭한 다음에 다음 지점으로 넘어가서 선을 제작합니다.

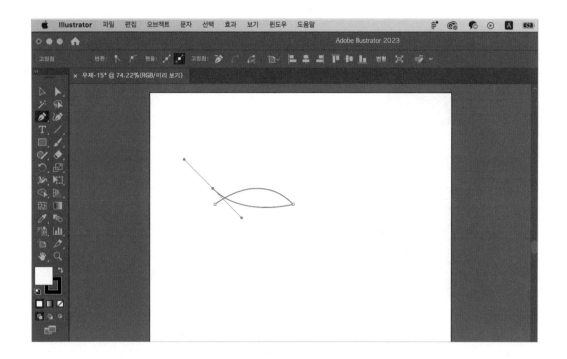

만든 물고기에서 선 를 키워줍니다. 5px 정도로 키워보겠습니다.

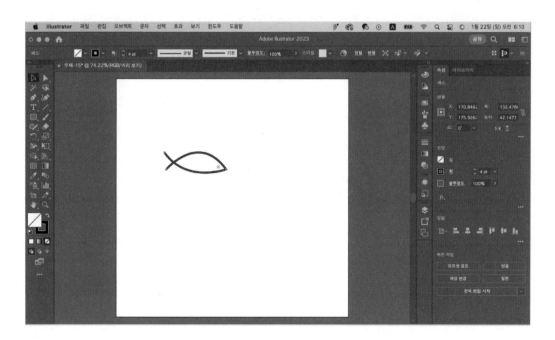

다음은 원형 도구를 사용하여 물고기 가운데 눈을 제작해보겠습니다.

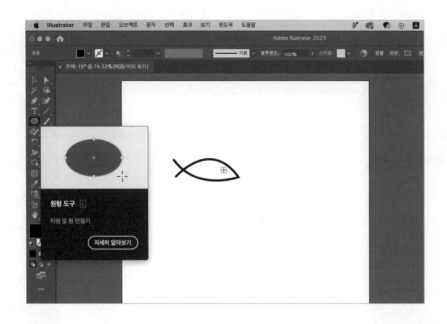

물고기를 원형 도구의 원으로 감쌉니다. 원형 도구에서 왼쪽 창에 면과 선 교체 버튼을 클릭해서 면을 비우고 선 두께를 5px 정도로 제작합니다.

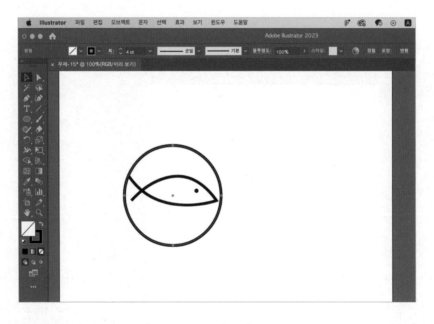

상단에는 달을 상징하는 원을 넣습니다. 이때 원의 면에는 색이 칠해져 있고, 선은 없는 것으로 체크해서 제작합니다.

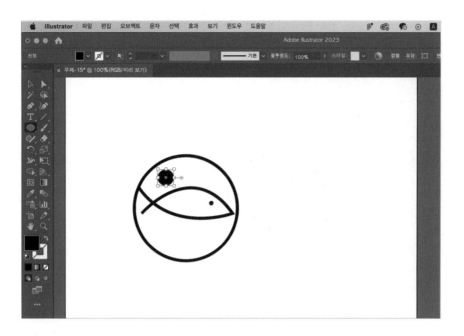

다음 선분 도구를 활용해서 물고기 아래에 물결 표시를 만들어보겠습니다.

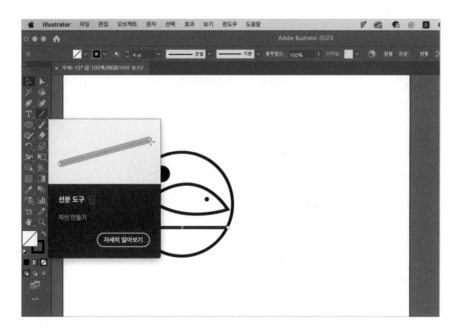

두께 5px의 직선을 만듭니다.

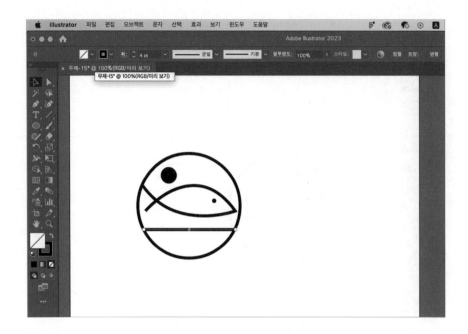

상단 도구창에서 효과 → 왜곡과 변형 → 지그재그를 클릭합니다.

지그재그를 클릭하면 화면과 같이 직선이 지그재그로 된 것을 확인할 수 있습니다.

옵션에서 크기를 조절하여 지그재그의 길이를 설정할 수 있습니다.

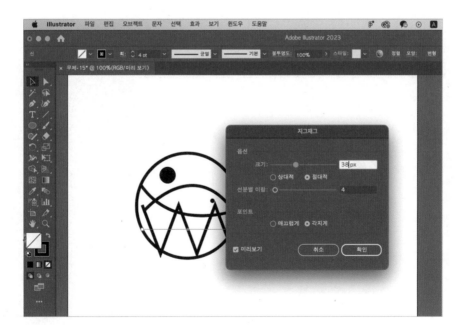

지그재그를 적절하게 조절합니다.

하단 포인트 중에 매끄럽게 부분을 클릭하니, 화면과 같이 물결 모양으로 직선이 변형된 것을 볼 수 있습니다. 확인을 누릅니다.

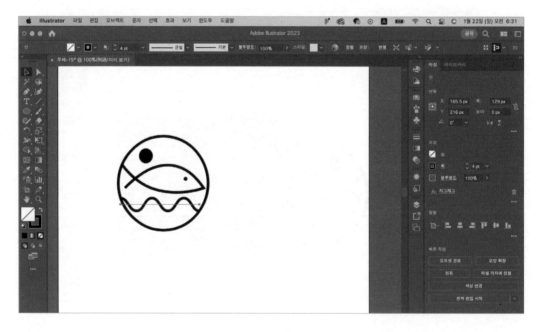

선택 도구로 곡선을 클릭한 다음 위치를 잡아주면 완성입니다. 일러스트레이터에서는 모든 선 들을 하나의 도형으로 변환해야 합니다.

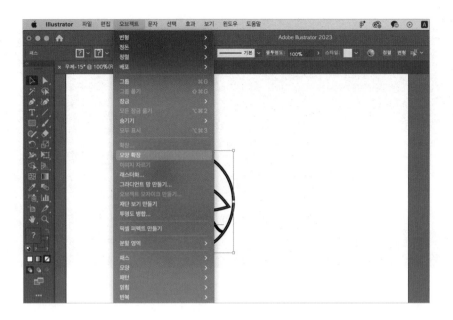

선택 도구로 로고 전체를 드래그하고 상단 메뉴창에서 오브젝트-모양 확장 버튼을 누르고 다시 한번 더 드래그한 상태에서 오브젝트의 확장을 클릭합니다.

여기에 칠과 획이 체크되어 있는데, 이는 칠과 획을 하나의 도형으로 만들겠냐고 묻는 창입니다. 따로 만질 내용은 없으니 확인 버튼을 누르면 선들이 도형으로 인식되는 것을 확인할 수 있습니다.

이제 폰트를 다운로드해보겠습니다. 눈누에서 검색해서 진행합니다. 수산물 업체명은 가칭 남해수산물로 제작해보겠습니다. 상주경천섬체를 이용해서 만듭니다. 폰트를 다운로드합니다.

다음은 컬러를 적용하겠습니다. 어도비 컬러(color.adobe.com/ko/trends/Flavour) 사이트에 접속해서 컬러 트렌드 중 풍미 부분에서 컬러를 선정해보겠습니다.

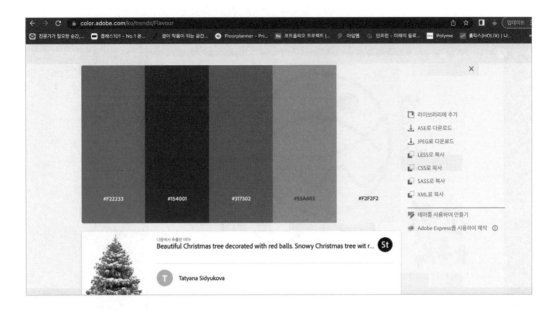

컬러는 복사해서 붙여넣기하는 방식으로 가져올 수 있습니다. 컬러를 넣으려면 이미지를 선택 도구로 드래그한 다음 왼쪽 칠 도구창을 더블클릭하면 화면이 나옵니다. 거기에 컬러 넘버를 붙여넣기 하면 됩니다.

폰트와 로고에 색상을 입히고 마지막으로 하단에 수산물 업체명을 넣는 것으로 마무리합니다.

수산물 업체 로고가 완성되었습니다.

예제 6 스탠리꽃집 - 꽃집에 필요한 로고 만들기

이번에는 꽃집 업체 로고를 제작해보겠습니다. 핀터레스트에서 꽃 관련 로고를 검색합니다. 다양한 컬러와 심벌 모양의 꽃을 확인할 수 있습니다.

비핸스에서도 꽃 관련 로고를 검색해보겠습니다. 마찬가지로 다양한 형태의 꽃 로고들이 존재합니다. 글씨 모양의 타이포형 로고도 보이고, 스타벅스 같은 엠블럼형 로고도 보입니다.

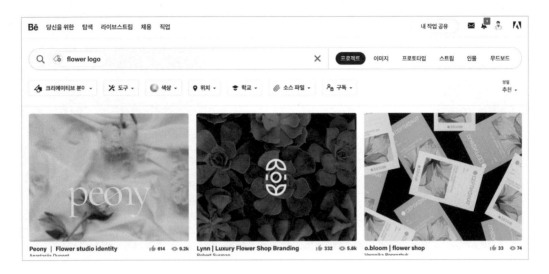

우리는 꽃 모양의 심벌이 있고 원형 테두리가 있는 엠블럼형 로고를 제작해보겠습니다.

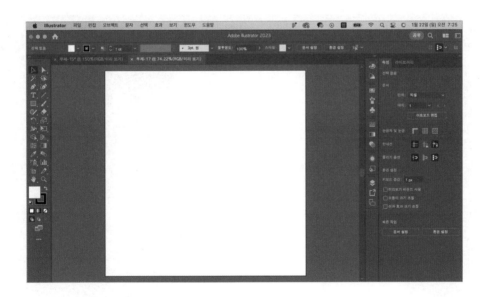

일러스트레이터를 켜고 진행해보겠습니다. 500px*500px의 화면을 만듭니다. 원형 도형을 사용해서 꽃 모양의 심벌을 만들어보겠습니다.

왼쪽 도형 도구에서 원형 도구를 클릭합니다.

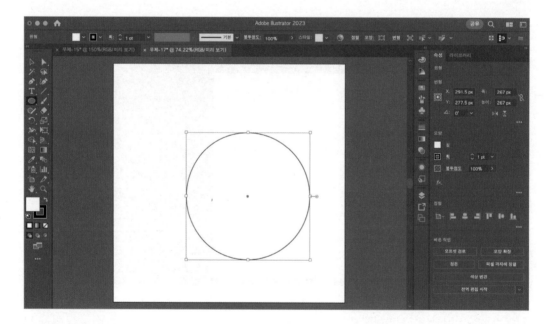

커다란 원을 만듭니다.

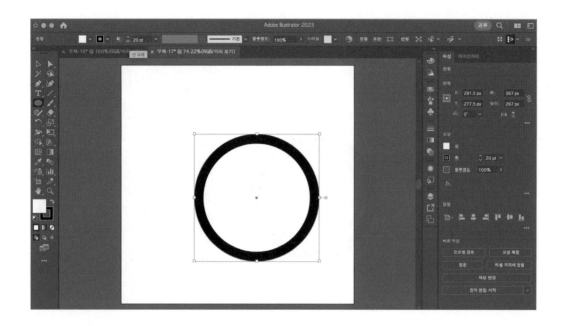

왼쪽 상단에서 획(선)의 두께를 20pt로 설정합니다.

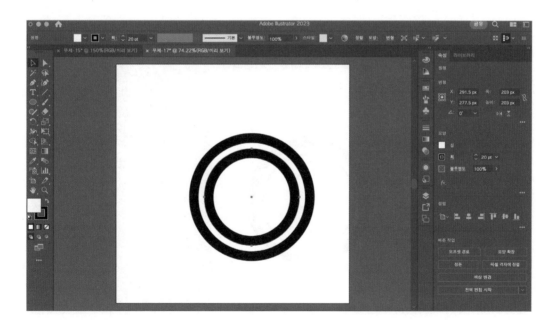

Alt 버튼을 눌러서 원을 복사합니다. 원의 크기를 줄여서 안쪽으로 배치합니다.

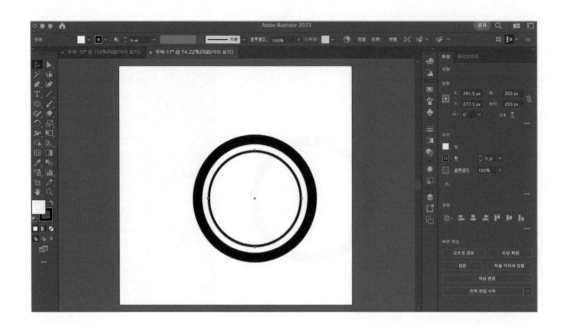

안쪽 원형의 획(선) 두께는 5pt로 설정합니다.

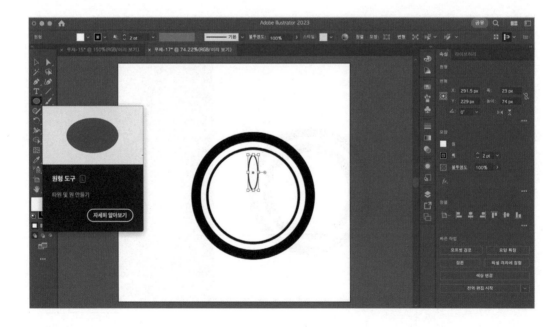

다음 또 하나의 원을 안쪽에 도형 도구에 원형 도구로 드래그하여 만듭니다.

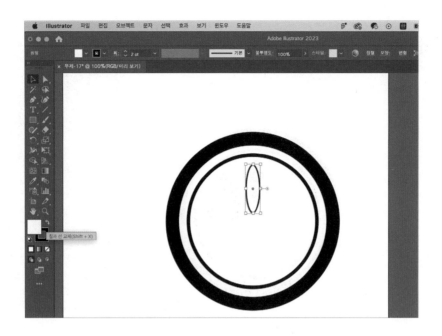

안쪽에 제작된 원에 선과 면을 교체해보겠습니다. 왼쪽 하단 칠과 선 교체 버튼을 클릭합니다.

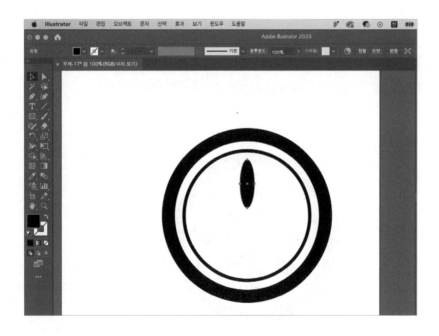

버튼을 누르면 칠과 선이 교체가 된 것을 볼 수 있습니다.

Alt 버튼을 눌러서 원을 복사하고 복사된 원을 40도, 90도, 180도로 배치하여 꽃 모양을 만들어보겠습니다.

가운데 원형으로 중심을 만듭니다.

꽃 모양의 심벌을 제작해보았습니다. 다음은 폰트를 넣어보겠습니다.

눈누에 접속해서 꽃 업체 로고와 잘 어울리는 폰트를 선택합니다.

라이선스 요약표

카테고리	사용 범위	허용여부
인쇄	브로슈어, 포스터, 책, 잡지 및 출판용 인쇄물 등	O
웹사이트	웹페이지, 광고 배너, 메일, E-브로슈어 등	O
영상	영상물 자막, 영화 오프닝/엔딩 크레딧, UCC 등	O
포장지	판매용 상품의 패키지	O
임베딩	웹사이트 및 프로그램 서버 내 폰트 탑재, E-book 제작	△
BI/CI	회사명, 브랜드명, 상품명, 로고, 마크, 슬로건, 캐치프레이즈	O
OFL	폰트 파일의 수정/복제/배포 가능. 단, 폰트 파일의 유료 판매는 금지	X

※ 위 사용범위는 참고용으로, 정확한 사용범위는 이용 전 폰트 제작사에 확인바랍니다.
사용범위는 폰트 제작사의 규정에 따라 달라질 수 있습니다.
제작사명은 상단 폰트 이름 밑에 있습니다.

원하는 폰트를 사용하려면 해당 폰트를 클릭하고 하단에 라이선스 요약표를 확인합니다. 우리는 로고를 제작해야 하기 때문에 BI/CI가 허용이 되는 폰트를 이용해야 합니다.

꽃 업체 로고를 제작할 때 레베카체를 사용하겠습니다. 눈누에서 다운로드 페이지를 클릭하면 해당 폰트를 만든 업체 사이트로 이동하게 됩니다. 사이트로 이동해서 스크롤을 내리면 폰트 다운로드 버튼이 있습니다. 다운로드합니다.

해당 폰트를 설치합니다.

다시 일러스트레이터 화면으로 돌아와서 왼쪽 도구창에서 문자 도구를 클릭하여 폰트를 만들어보겠습니다.

오른쪽이나 상단 메뉴에 문자에서 다운로드 한 폰트의 이름을 검색하면 설치된 폰트를 적용할 수 있습니다.

메인 업체명을 한글로 작성하고, 서브명을 영어로 작성해보겠습니다. 서브명의 간격을 넓힙니다. 오른쪽에서 선택한 문자의 자간 설정을 클릭하여 제작합니다.

자간을 200으로 설정했습니다.

로고의 폰트를 도형으로 만들기 위해 상단 메뉴에 문자 → 윤곽선 만들기를 클릭해서 제작

합니다.

이제 로고에 배경색을 입혀봅니다. 왼쪽 도형 도구에서 사각형 도구로 사각형 배경을 검정색으로 제작하고, 제작한 심벌과 폰트를 흰색으로 색상 변경합니다. 이때 사각형 배경을 하단에 넣을 때는 ctrl+shift+ [or] 버튼을 클릭해서 배경을 맨 뒤로 보냅니다.

벤치마킹하려고 했던 여러 꽃집 업체의 색상을 참고해서 컬러를 설정해보겠습니다. 컬러를 적용할 때는 왼쪽 스포이드 도구를 이용하여 원하는 컬러를 가져올 수 있습니다.

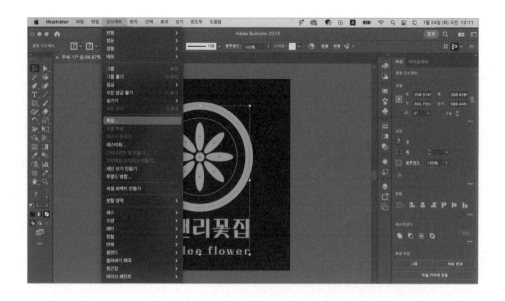

심벌로 제작된 도형이 선으로 구성되어있기 때문에 이 선을 도형으로 변환합니다. 해당 선을 드래그한 뒤 상단 메뉴에서 오브젝트 → 확장 버튼을 클릭하면 해당 선들이 도형으로 변환되는 것을 확인할 수 있습니다. 선들이 도형으로 변환되면 두께를 조절할 수 없으니 사전에 두께를 조절한 뒤에 도형으로 변환할 것을 추천합니다.

확장 버튼을 누르면 칠과 획을 면으로 변환할지 선택할 수 있는 창이 뜨는데, 둘 다 체크하고 확인을 누릅니다.

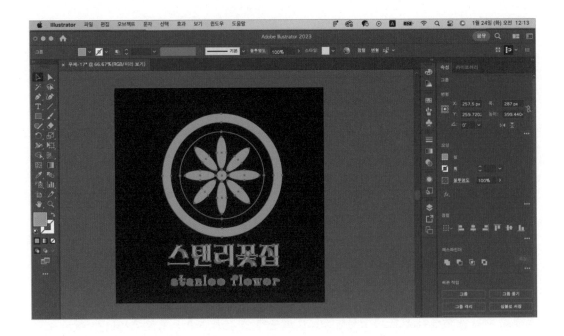

해당 선이 도형으로 변환된 것을 확인할 수 있습니다.

예제 7 한국로고협회 - 협회 로고 만들기

이번에는 협회 로고를 제작하는 실습을 해보겠습니다. 협회명은 가칭 한국로고협회로 제작해 보겠습니다.

협회 로고를 검색해보았습니다. 보통은 핀터레스트나 비핸스에서 검색하지만, 협회라는 단어가 영어보다는 한글로 검색했을 때 나오는 국내 업체들의 특성을 살펴보는 것이 더 효율적이라는 생각으로 구글에서 검색을 해보았습니다. 협회 로고들의 특징을 살펴보니 국내 협회 로고 같은 경우 엠블럼형 로고나 영어 느낌의 타이포 로고를 심벌처럼 사용하고 한글로 된 상호명을 넣는 것을 볼 수 있었습니다.

심벌 겸 폰트를 제작하기 위해 눈누에 접속합니다.

모노플렉스라는 폰트를 사용해보겠습니다.

라이선스 요약표

카테고리	사용 범위	허용여부
인쇄	브로슈어, 포스터, 책, 잡지 및 출판용 인쇄물 등	O
웹사이트	웹페이지, 광고 배너, 메일, E-브로슈어 등	O
영상	영상물 자막, 영화 오프닝/엔딩 크레딧, UCC 등	O
포장지	판매용 상품의 패키지	O
임베딩	웹사이트 및 프로그램 서버 내 폰트 탑재, E-book 제작	O
BI/CI	회사명, 브랜드명, 상품명, 로고, 마크, 슬로건, 캐치프레이즈	O
OFL	폰트 파일의 수정/ 복제/ 배포 가능. 단, 폰트 파일의 유료 판매는 금지	O

※ 위 사용범위는 참고용으로, 정확한 사용범위는 이용 전 폰트 제작사에 확인바랍니다.
사용범위는 폰트 제작사의 규정에 따라 달라질 수 있습니다.
제작사명은 상단 폰트 이름 밑에 있습니다.

폰트를 로고 형식으로 사용할 때는 상용 가능한 무료 폰트인지 확인해야 합니다. 눈누 기준으로, 원하는 폰트를 클릭하고 다운로드 페이지로 이동하기 전에 스크롤을 내리면 위 화면과 같이 라이선스 요약표가 보입니다. 여기서 BI/CI가 허용되는지 확인하고 사용하면 됩니다. 사용 가능하니 다운로드 페이지로 이동하여 폰트를 다운로드 받겠습니다.

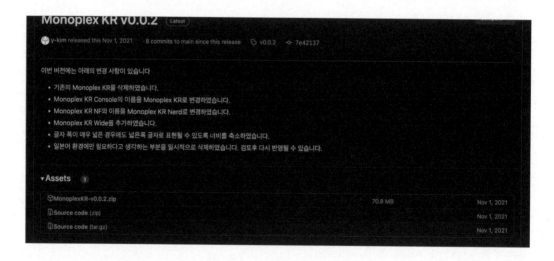

보통은 기업에서 폰트를 제작하는데 Git이라는 개발자 홈페이지가 나오는 걸로 봐서는 개발자가 폰트를 제작한 듯합니다. 해당 폰트를 다운로드 합니다.

해당 폰트를 다운로드 하면 TTF, OTF 파일인 경우 바로 더블클릭해서 폰트를 설치하면 되고, 압축파일인 경우 압축을 풀고 나오는 여러 개의 폰트들을 설치하면 됩니다. 보통 여러 개의 폰트가 있는 것은 두께에 따라 여러 종류가 있는 경우입니다. 여러 두께가 필요한 경우엔 모두 다 설치하고 아니면 필요한 두께의 폰트만 설치하십시오.

일러스트레이터를 켜고, 왼쪽 새 파일을 클릭합니다.

오른쪽에 폭, 높이 1000px씩 설정하고 픽셀 단위로 체크되어 있는지 확인한 다음, 오른쪽 하단 만들기 버튼을 클릭합니다.

왼쪽 도구창에서 문자 도구를 클릭합니다.

문자 도구를 클릭하고 흰색 대지에 클릭하면 문장이 나옵니다. delete로 지우고 만들 업체명이나 폰트 로고를 입력합니다. 필자는 한국로고협회의 영문명 Korea Logo Association의 앞 글자를 따서 'KLA'로 폰트 로고를 만들어보겠습니다.

폰트를 수정하고 크기를 키웠습니다. 왼쪽 상단의 선택 도구 버튼을 누르고 폰트를 클릭한 다음 shift 버튼을 클릭한 상태로 폰트 크기를 키우면 됩니다.

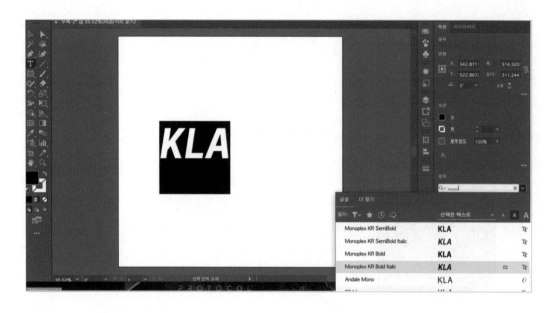

문자를 더블클릭한 다음에 오른쪽에 문자에서 다운로드 받았던 폰트 이름인 Monoplex를 검색하면 앞의 화면과 같이 다양한 굵기의 폰트들이 노출되는 것을 볼 수 있습니다. 여기서 Monoplex KR에 굵기는 Bold Italic로 설정해서 적용했습니다.

왼쪽 상단의 선택 도구를 클릭하면 해당 폰트가 적용된 것을 볼 수 있고, 크기를 수정할 수 있는 화면이 나오는 것도 확인할 수 있습니다.

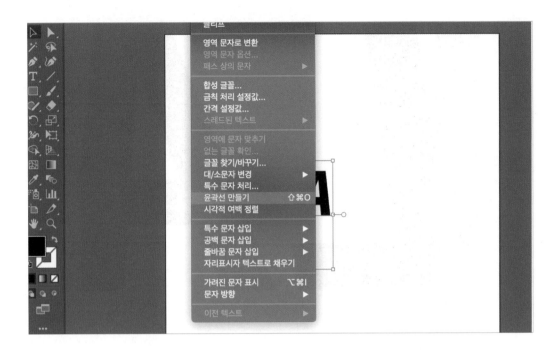

폰트를 도형처럼 변환시켜 로고 모양을 제작하기 위해 상단 메뉴에 문자 → 윤곽선 만들기 버튼을 클릭합니다.

윤곽선 만들기 버튼을 클릭하면 폰트가 도형처럼 개별로 수정할 수 있게 변환된 것을 확인할 수 있습니다.

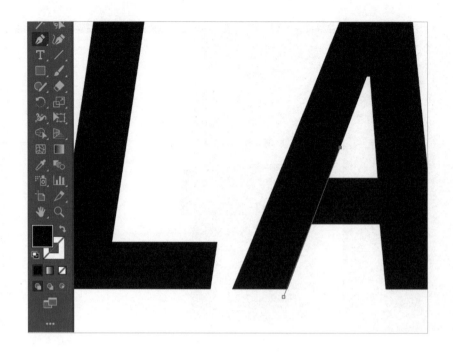

폰트를 심벌 형태의 로고처럼 변형해보겠습니다. 먼저 'A'를 수정해보겠습니다. A 왼쪽에 있는
펜 도구로 라인을 만듭니다.

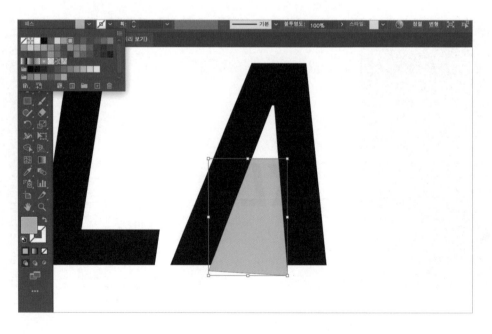

눈에 잘 보일 수 있게 왼쪽 상단 면 색상을 밝은 색으로 변경하였습니다.

상단 메뉴창에서 윈도우 → 패스파인더 도구창을 클릭합니다.

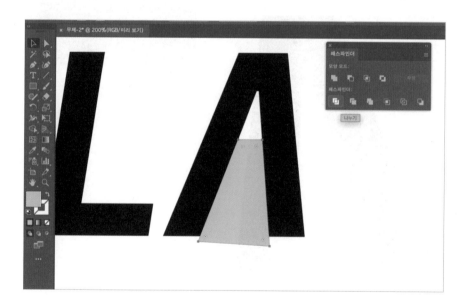

패스파인더 도구창에서 나누기 버튼을 클릭합니다. 이 나누기 기능은 2개 이상의 도형이 겹쳐
있을 때 나누는 기능이기 때문에 두 가지 이상의 도형이 겹쳐져 있어야 합니다. 그래서 A 모양
과 형광색 삼각형 2개를 드래그합니다.

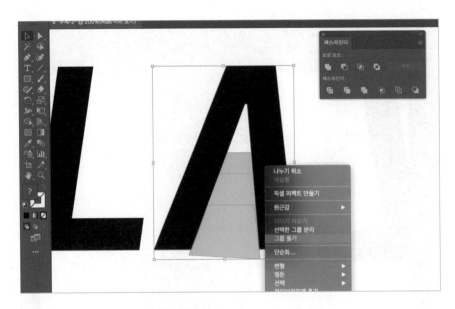

나누기 버튼을 누르고 겹쳐진 도형에 그룹 풀기 버튼을 누른 다음, 다시 왼쪽 상단 선택 도구 버튼을 클릭하고 빈 공간을 클릭 후 겹쳐진 도형을 이동시킵니다.

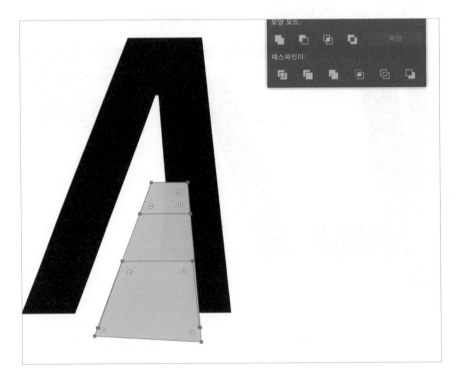

앞의 이미지처럼 도형을 잘라낼 수 있습니다.

A의 겹쳐진 부분이 제거되었음을 확인할 수 있습니다. 다음은 'L' 옆에 logo라는 단어에 두 번 등장하는 'O'를 사용해 디자인을 해보겠습니다. 왼쪽에 도구창에서 사각형 도구를 왼쪽 버튼으로 꾹 누르고 있으면 창이 나오는데, 여기서 원형 도구를 클릭합니다.

원형 도구를 'L' 옆에 배치해보았습니다. 원래 로고를 디자인할 때는 사전에 스케치도 하고 어떤 상징성 있는 로고를 만들지 고민을 해야 하지만, 이번 실습에서는 도구 사용법 위주로 설명하겠습니다. 'K', 'L', 'A'를 연결해보겠습니다. 왼쪽에 펜 도구를 이용합니다.

펜 도구를 이용해 'K'와 'L'을 연결할 수 있는 사각형을 제작했습니다. 이 사각형은 검정색으로 바꾸어 보겠습니다.

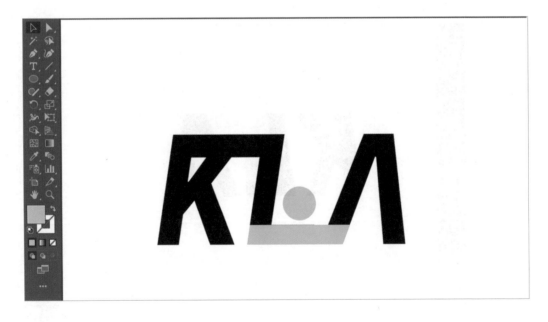

'L'과 'A'도 연결할 수 있는 사각형을 펜 도구로 제작해보았습니다. 이 부분도 마찬가지로 검정색으로 변경해보겠습니다.

'K'와 'L' 상단의 겹치는 부분이 약간 어색해 보여서 왼쪽 흰색 마우스 모양인 직접 선택 도구로 수정해보겠습니다.

직접 선택 도구로 'K'와 'L' 연결 부분을 수정했습니다.

다음은 컬러를 수정해보겠습니다.

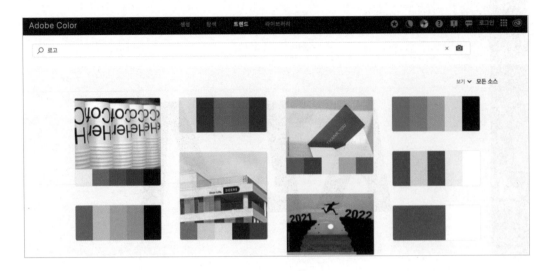

필자는 어도비 일러스트레이터를 유료로 이용하고 있습니다. 어도비 컬러 사이트(color.adobe.com) 상단 트렌드 부분에서 로고를 검색해보았습니다.

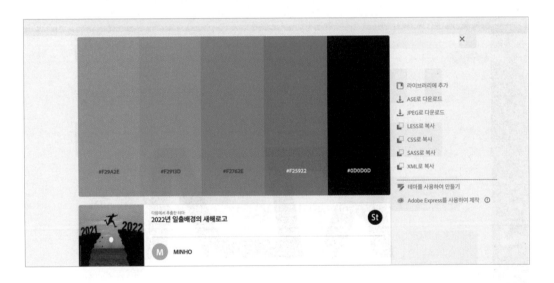

이미지 컬러를 이용해서 로고를 제작해보겠습니다.

컬러를 넣기 전에 다시 일러스트레이터 화면으로 넘어와서 'KLA'를 하나의 도형으로 합쳐보겠습니다.

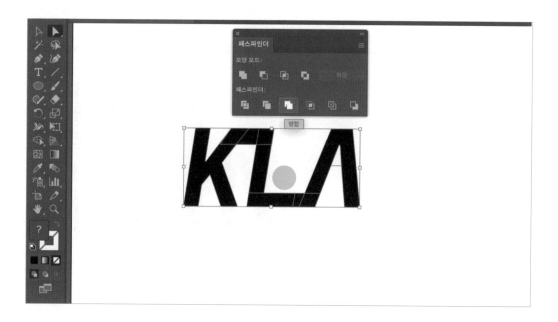

상단 윈도우 → 패스파인더 버튼을 클릭하고 겹칠 도형을 모두 드래그한 뒤 패스파인더의 병합 버튼을 클릭합니다.

이번엔 로고를 제작할 때 색상에 그라디언트 기능을 사용해보도록 하겠습니다. 선택 도구 버튼을 클릭하고 도형을 클릭한 다음, 왼쪽 하단의 그라디언트 버튼을 클릭합니다.

클릭하면 그라디언트가 적용되면서, 그라디언트 도구창이 뜹니다.

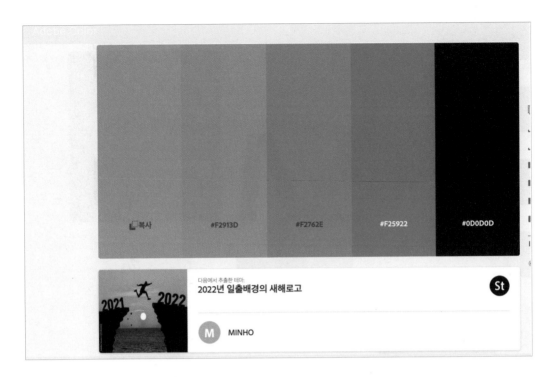

앞에서 봤던 컬러 중에 첫 번째 컬러 번호를 복사합니다. #F29A2E 번호입니다.

복사된 번호를 가지고 그라디언트 도구창에 흰색 농그라미 오른쪽에 마우스를 가져다 대면 +
버튼으로 모양이 나옵니다. 클릭합니다.

그러면 동그라미가 하나 더 생성되는데, 이 동그라미를 더블클릭합니다.

위 화면과 같이 컬러 번호를 입력할 수 있게 #○○○○○○ 식으로 표시되어 있는 부분이 보입니다. 여기에 아까 복사했던 컬러 번호를 붙여넣기합니다.

색상이 적용되었다면 주황색 원형 부분을 드래그해서 앞에 있는 흰색 원형을 없앱니다. 흰색 원형 부분에서 색상을 적용하면 적용이 되지 않아 새롭게 원형을 추가해서 색상을 넣었습니다. 뒤에 있는 검정색 원형 부분도 동일한 방식으로 색상을 적용해보겠습니다. 색상 번호는 #F2762E로 넣어보겠습니다.

+ 버튼을 클릭해서 원형을 2개 만들고, 검정색 원형을 더블클릭해서 색상을 변경합니다.

뒤에 있는 검정색 원형 부분을 제거하고 반영한 색상으로 진행합니다.

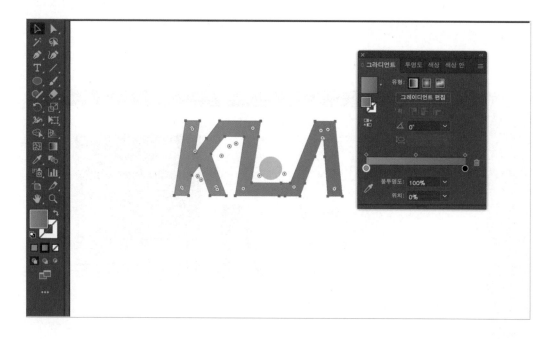

그라디언트를 반영할 때 주의점이 있습니다. 색상이 간혹 적용이 되지 않을 때가 있습니다. 이런 경우, 왼쪽 상단 선택 도구 버튼을 클릭 후 다시 변경할 색상을 클릭하고 그라디언트를 클릭해서 진행하면 됩니다.

그라디언트는 왼쪽 하단에서도 변경이 가능하지만, 상단 메뉴창에서 윈도우 → 그라디언트를
클릭해도 동일한 메뉴를 볼 수 있습니다.

가운데 있는 원형 도형도 색상을 변경해보겠습니다. 왼쪽 하단 칠(면) 부분을 더블클릭해서 나
오는 색상 변경 부분에 #F2762E 넘버를 기입해서 색상을 변경했습니다.

다음은 왼쪽 도구창에서 문자 도구를 클릭하고 심벌을 만들 때 사용했던 폰트인 Monoplex KR을 적용하여 한글로 한국로고협회를 넣었습니다.

한국로고협회의 자간이 넓어 보여서 -100 정도로 자간을 좁혔습니다. 그리고 폰트가 Bold Italic으로 적용되어 있어서 약간 기울어진 느낌이 나므로 Bold로 변경하였습니다.

이제 한국로고협회 글씨가 아래에 있는데 오른쪽으로 배치하고 하단에 영어로 Korea Logo
Association 영문명을 넣어보겠습니다. 왼쪽 도구창 문자 도구에서 한국로고협회 한글 넣는
방법과 동일하게 진행하면 됩니다.

폰트가 좀 두꺼운 느낌이 있어서 Monoplex KR에서 Light 정도의 굵기로 수정해서 진행했습
니다. 영문명은 자간을 넓히고 폰트 크기를 줄여보겠습니다.

오른쪽 하단에 자간을 200으로 넣었습니다.

이때 한글협회의 '회'와 영문명 'n'의 간격을 맞추려면 ctrl + R을 누르면 왼쪽 도구창 옆 줄자 같은 창이 뜨는데, 왼쪽 버튼을 누른 상태에서 드래그하면 위 화면에서 보이는 파란색 줄처럼 줄을 가져올 수 있습니다. 이 줄을 간격 삼아 라인을 맞춰주면 됩니다. 라인을 없애는 방법은 클릭 후 delete 키를 누르면 없어집니다.

라인을 맞추었습니다. 이때 영문명의 크기를 키울 때는 shift 버튼을 누른 상태에서 선택 도구 버튼으로 사이즈를 키우면 가로세로 균일하게 크기가 커집니다.

전체적인 느낌을 보면 앞의 화면과 같이 협회 로고가 완성된 것을 확인할 수 있습니다.

가로형 로고 외에도 세로형 로고도 제작했고, 흰색 배경의 로고 외에도 검정색 배경의 로고로도 제작해보았습니다.

예제 8 봄날한식점 – 한글 폰트 활용 로고 만들기

앞에서 영어 폰트를 활용하여 심벌 로고를 제작했다면, 이번에는 한글 폰트를 활용해서 심벌 로고를 제작해보겠습니다.

앞에서 살펴본 바와 같이 한식점은 국내에 있는 음식점이니 한식점 로고로 한글 검색을 해보 겠습니다. 구글에서 검색해보니 다양한 느낌의 로고들이 나옵니다. 우리는 한글을 활용해서 심벌 느낌을 제작해보겠습니다.

먼저 한글 폰트를 다운로드 하기 위해 눈누에 접속해서 한글 느낌을 살펴보도록 하겠습니다.

필자는 수박 화체 폰트를 사용하려고 합니다. 스크롤을 내려서 라이센스 부분을 확인합니다.

라이선스 요약표

카테고리	사용 범위	허용여부
인쇄	브로슈어, 포스터, 책, 잡지 및 출판용 인쇄물 등	O
웹사이트	웹페이지, 광고 배너, 메일, E-브로슈어 등	O
영상	영상물 자막, 영화 오프닝/엔딩 크레딧, UCC 등	O
포장지	판매용 상품의 패키지	O
임베딩	웹사이트 및 프로그램 서버 내 폰트 탑재, E-book 제작	△
BI/CI	회사명, 브랜드명, 상품명, 로고, 마크, 슬로건, 캐치프레이즈	O
OFL	폰트 파일의 수정/복제/배포 가능. 단, 폰트 파일의 유료 판매는 금지	X

※ 위 사용범위는 참고용으로, 정확한 사용범위는 이용 전 폰트 제작사에 확인바랍니다.
사용범위는 폰트 제작사의 규정에 따라 달라질 수 있습니다.
제작사명은 상단 폰트 이름 밑에 있습니다.

BI/CI 부분이 허용 가능한 것으로 체크되어 있습니다.

다시 상단으로 올라와서 다운로드 페이지를 클릭하여 폰트를 발행한 사이트에 접속한 다음 폰트를 다운로드 합니다.

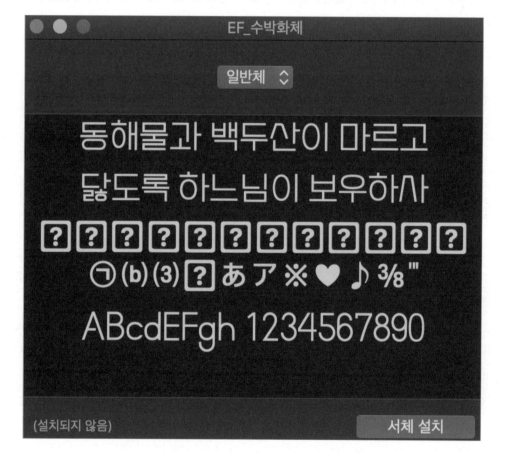

압축파일을 풀고 서체를 설치합니다.

일러스트레이터를 켜고 새 파일을 클릭합니다.

오른쪽에 폭, 높이를 각각 1000px로 정하고 단위는 픽셀로 진행합니다.

왼쪽 도구창에서 문자 도구를 클릭하고 화면에 클릭하여 문자를 만듭니다.

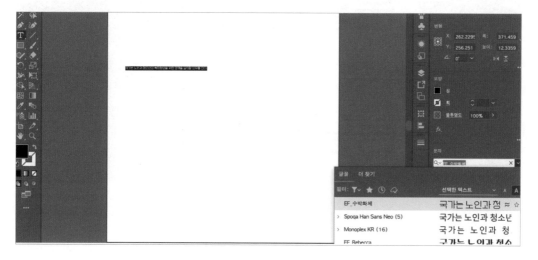

오른쪽 하단에 다운로드 한 수박 화제 폰드를 설정합니다.

봄날한식점이라는 이름으로 폰트를 만들고, 심벌을 제작해보겠습니다.

하나는 업체명으로 사용하고, 다른 하나는 도형으로 변환하여 심벌로 제작하기 위해 복사를
하겠습니다. Alt + 마우스로 폰트를 클릭해서 드래그합니다.

상단에 문자 → 윤곽선 만들기를 클릭합니다.

다음은 왼쪽에서 사각형 도구로 사각형을 제작합니다.

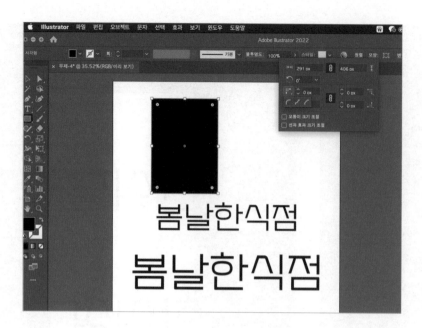

만들어 놓은 직사각형에서 양쪽 모서리의 모양을 변경해보겠습니다. 오른쪽 상단 모양을 클릭한 뒤 모서리 아이콘을 클릭해서 지붕 모양의 느낌을 선택합니다.

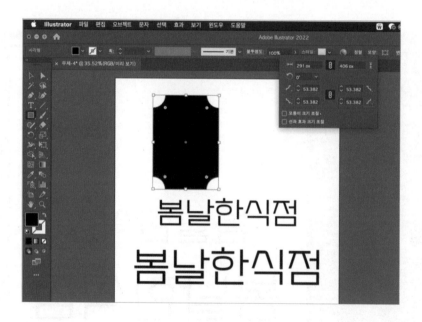

지붕 모양으로 변경하고 보니 사각형의 면 부분은 칠해져 있고, 테두리 쪽은 색이 없습니다. 왼쪽 하단에 있는 선과 칠 교체 버튼을 클릭하여 이를 반전합니다.

다음은 획의 두께를 키워보겠습니다. 왼쪽 상단에 획이 1px로 되어 있는데, 이를 10px까지 키우겠습니다.

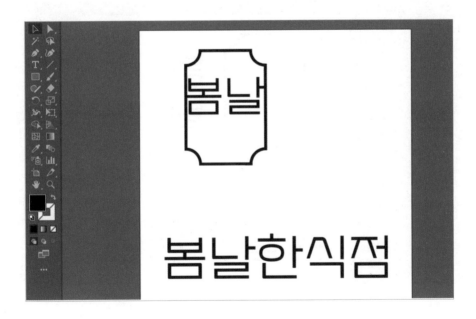

봄날한식점 글씨에서 한식점을 제거하고, 봄날을 활용하여 사각형 안에 배치해보겠습니다.

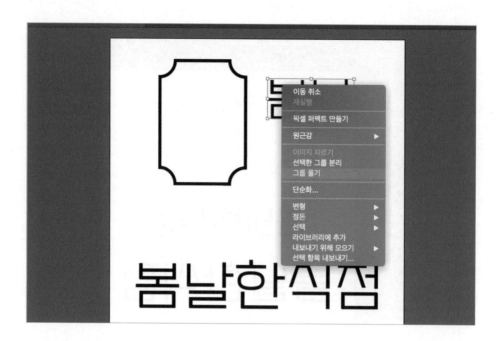

우선, 해당 폰트의 오른쪽 버튼을 클릭한 후 그룹을 풀어줍니다.

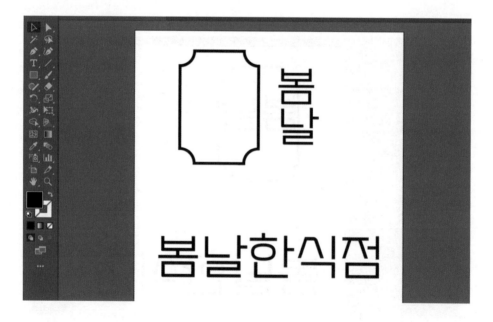

다음 가로로 된 폰트를 세로로 배치해보겠습니다.

봄날을 사각형 안에 집어넣고 배치해보았습니다. 아쉬워 보이는 여백들을 메꾸기 위해 왼쪽에
있는 펜 도구를 활용하여 봄날과 사각형 테두리를 연결해보겠습니다.

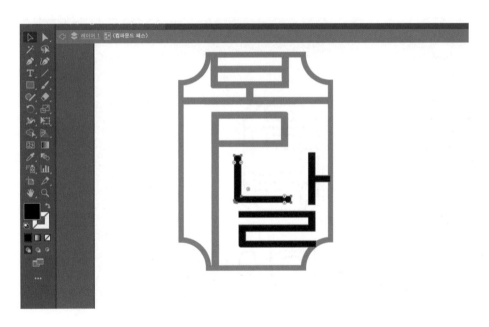

봄 부분에 펜 도구로 선을 만들다 보니 날의 'ㄴ'과 연결될 수 있겠다는 생각이 들어서 'ㄴ'을 지
워보겠습니다.

다소 밋밋해 보일 수 있는 부분들을 펜 도구로 봄날이라는 키워드를 크게 방해하지 않는 선에서 가로세로로 선들을 넣어보았습니다.

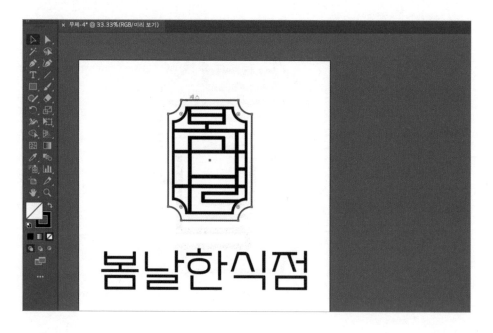

바깥쪽에도 사각형을 Alt + 왼쪽 버튼을 클릭해서 복사한 다음, 테두리 굵기를 5px 정도로 수정해서 넣었습니다.

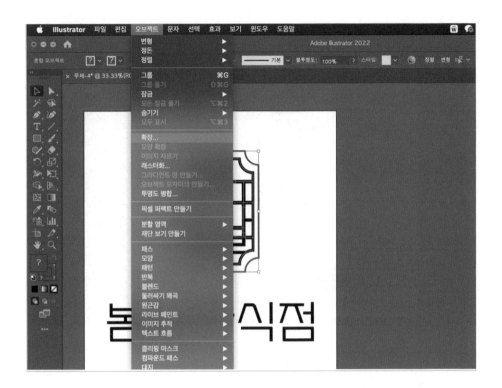

제작을 완료했으면 상단 메뉴에서 오브젝트 → 확장을 클릭합니다.

칠과 획이 체크되었는지 확인하고, 확인 버튼을 누릅니다.

다음에 상단 메뉴에서 윈도우 → 패스파인더 도구창을 켭니다.

병합 버튼을 눌러 도형들을 하나로 합치는 작업을 진행합니다.

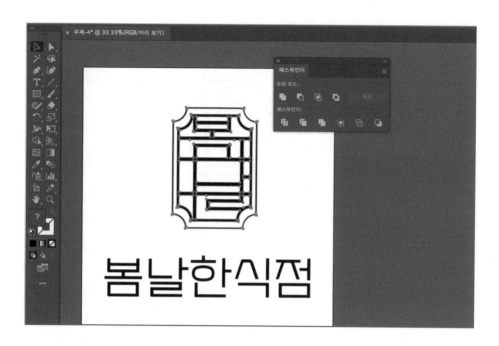

하나의 도형으로 합쳐진 것을 확인할 수 있습니다.

하단에 한정식 전문점이라는 부제목도 넣어보았습니다.

부제목 왼쪽 도구창에 원형 도구를 사용하여 양 옆에 원을 넣어보겠습니다. 왼쪽에서 사각형 도구를 왼쪽 버튼으로 꾹 누른 다음 원형 도구를 찾아 클릭합니다.

부제목 양 옆에 원형 도구로 위치를 배치합니다. 원형 도구의 면(칠)의 색상은 검정색, 선(획)의 색상은 없음으로 지정하여 제작합니다.

다음은 부제목의 자간을 설정해보겠습니다. 오른쪽에서 선택한 문자의 자간 설정 버튼을 클릭하여 자간을 200으로 넓히겠습니다.

이제 색상을 선정하겠습니다.

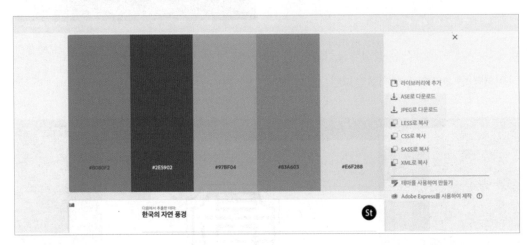

필자는 어도비 컬러에서 #83A603를 사용하여 제작해보겠습니다.

일단 전체 선들이나 폰트들을 도형으로 만들기 위해 오브젝트 → 모양 확장 버튼을 클릭합니다.

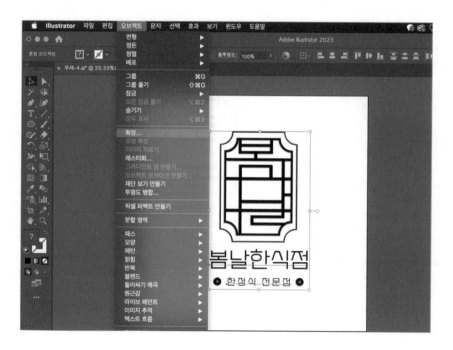

그런 다음, 확장을 클릭합니다.

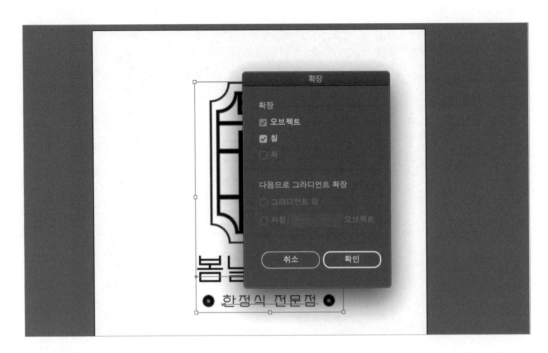

오브젝트와 칠에 체크가 되어 있고, 확인하라는 표시가 나옵니다. 확인 버튼을 클릭합니다.

모두 도형으로 인식되는 것을 확인할 수 있습니다.

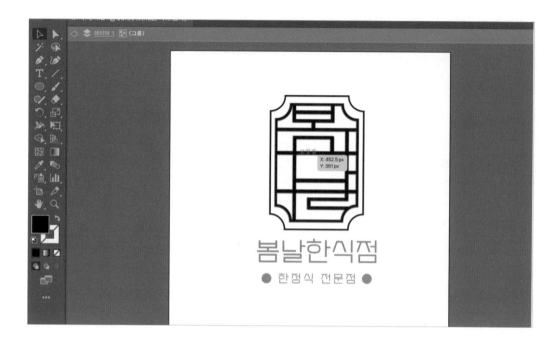

먼저 안쪽에 있는 색상부터 변경해줍니다. 더블클릭했던 화면이 나오면 왼쪽 색상 변경창에서 색상을 바꿔줍니다.

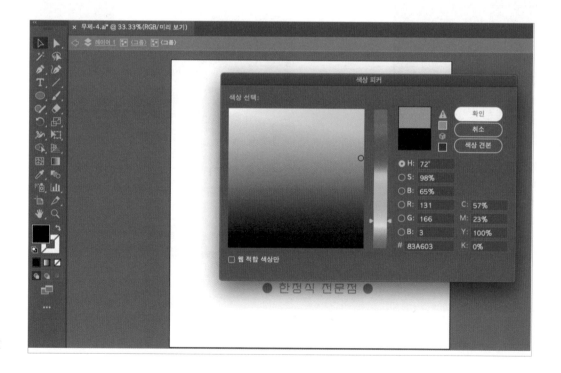

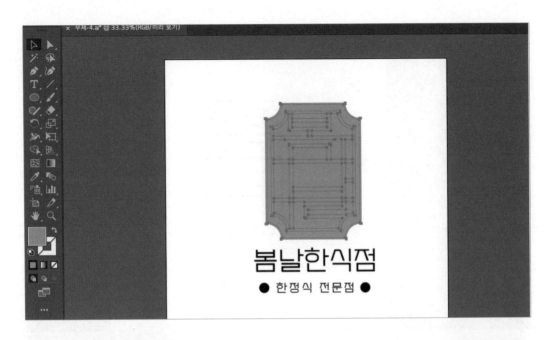

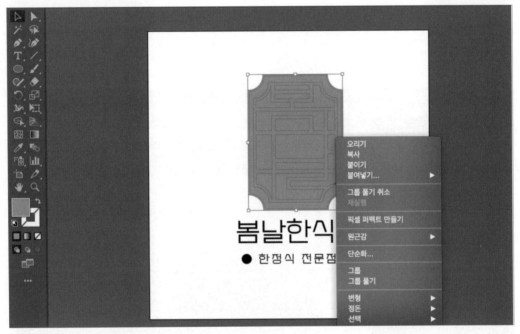

전체적으로 색상이 입혀진 것으로 보이지만, 이미 도형별로 이미지가 나뉘어 있습니다. 도형을 드래그하고 전체 선택 후 오른쪽 버튼을 눌러서 그룹 풀기 버튼을 클릭합니다. 선택 도구 버튼으로 글씨로 쓰인 영역을 제외한 나머지 부분을 지웁니다.

절반 정도 지웠습니다. 나머지도 지워보겠습니다. 지울 배경을 클릭하고 Delete 버튼을 누르면 됩니다.

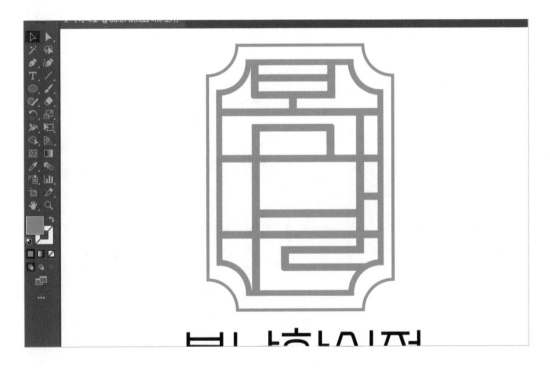

작업하면서 클릭이 잘 되지 않아 Alt + 마우스 휠로 확대한 뒤 지울 부분을 클릭해서 지웠습니다.

나머지 로고 제목과 부제목 모두 드래그하여 선택한 뒤 왼쪽 도구창에 스포이드 기능을 사용해서 앞의 심벌과 마찬가지로 색상을 입혀보았습니다.

이번에 제작할 로고는 클라이언트에게 보여주는 형식의 로고 자료 이외에 잠재 클라이언트, 즉 잠재 고객이 봤을 때 좀 더 눈길을 사로잡을 수 있는 디자인으로 실습해보겠습니다.

무료 이미지 사이트인 픽사베이(pixabay.com/ko)에 접속합니다. 한정식 로고이니, 필자는 한국음식, 한정식 등을 검색해서 한국 느낌이 나는 음식 사진을 검색해보았습니다. 우리가 제작한 로고와 어울리는 사진을 찾아봅시다.

한식으로 검색해서 나오는 이미지를 다운로드 해보겠습니다. 오른쪽에 무료 다운로드 버튼을 클릭해서 이미지를 다운로드하고 일러스트레이터로 가져옵니다.

가져온 이미지는 로고가 있는 일러스트레이터 화면과 겹쳐 놓습니다.

왼쪽 도구창에서 도형 도구 → 사각형 도구로 사각형을 만듭니다. 이때, 대지 도구의 사이즈와
동일하게 만듭니다.

사진과 도형을 같이 클릭한 상태에서 왼쪽 버튼을 클릭하여 클리핑 마스크 만들기 버튼을 누
릅니다.

제작한 사각형 도구 사이즈에 맞춰서 이미지가 조정된 것을 확인할 수 있습니다.

이미지 사이즈를 조정하고 싶다면 더블클릭한 다음 이미지를 조정하고, 완료되었다면 회색 화면 아무 곳이나 더블클릭하면 됩니다.

왼쪽 버튼을 클릭해서 정돈 → 맨 뒤로 보내기를 클릭해서 사진 이미지를 맨 뒤로 보냅니다.

사진 이미지가 움직이면 불편할 수 있으니, Ctrl + 2 버튼을 눌러서 사진 이미지를 고정합니다.
다음에 로고를 전체 드래그하여 색상을 흰색으로 변경합니다.

흰색으로 변경된 색상의 로고를 전체 드래그하여, Ctrl + G 버튼을 눌러서 그룹화합니다.

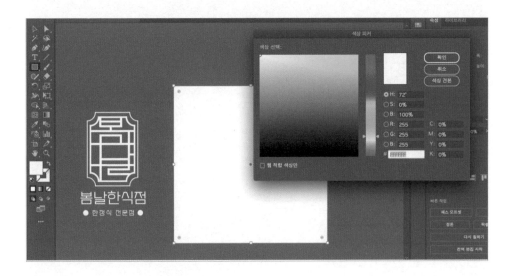

흰색 로고를 잠시 왼쪽으로 이동시키고 왼쪽 도구창에서 도형 도구 → 사각형 도구로 사각형을 만듭니다. 저희가 한정식 로고를 사용할 때 넣었던 #83A603 컬러를 넣어서 제작합니다.

사각형 도구의 오른쪽 도구창을 보면 불투명도가 보입니다. 불투명도를 65퍼센트로 조정합니다.

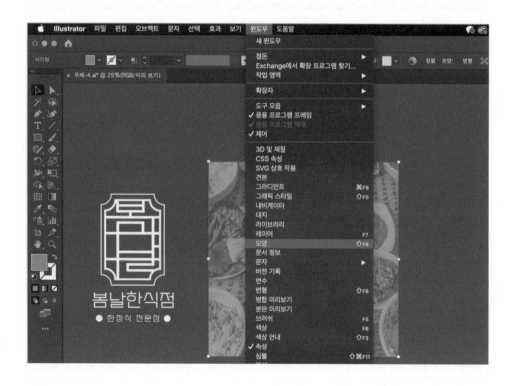

상단 도구창에서 윈도우 → 모양 → 불투명도로도 조정이 가능합니다.

제작한 흰색 한정식 로고를 가져오려고 하니 사각형 도구보다 아래에 있는 것을 확인할 수 있습니다.

당황하지 말고 로고를 선택한 다음 왼쪽 버튼을 클릭하고 정돈 → 맨 앞으로 가져오기 버튼을 누르면 제일 앞으로 로고가 움직이는 것을 확인할 수 있습니다. 이처럼 일러스트레이터는 개별 구성 요소들이 우리가 볼 때는 위에서 아래로 보는 것 같기 때문에 다 겹쳐 보이지만, 옆에서 본다고 가정했을 때는 A4용지를 여러 장 겹쳐 놓은 것처럼 층으로 구성되어 있는 것을 볼 수 있습니다.

이렇게 로고를 가운데 넣으면 한정식 느낌이 나는 사진과 로고가 같이 있어서 훨씬 더 우리가 만든 것이 한정식 느낌의 로고로 보이는 것을 알 수 있습니다. 실제 로고 디자이너들이 포트폴리오를 제작할 때도 앞서 같은 방식으로 로고 포트폴리오를 제작하는 경우도 있습니다.

사진과 로고가 같이 있는 이미지 이외에도 우리가 골랐던 컬러를 배경으로 한 로고, 검정색 배경의 로고, 흰색 배경의 로고 등 다양한 형태의 이미지도 제작해보았습니다. 브랜드 가이드라인의 형식으로 제작하는 경우에는 배경색이나 배경색의 불투명도도 지정된 경우가 있지만, 독자들은 브랜드 영역보다는 로고의 영역으로 제작했기 때문에 이런 형식으로 간단히 제작해보았습니다.

예제 9 스탠리 베이커리 - 베이커리에 필요한 로고 만들기

이번에는 베이커리 로고를 제작해보겠습니다.

먼저, 구글에서 베이커리 로고를 검색해보겠습니다. 아무래도 우리에겐 국내 로고가 친숙하니 국내 베이커리 로고를 찾아보았습니다. 전체적으로 빵이나 모자 등을 활용해서 로고를 제작하는 듯 보입니다. 우리도 그런 형식으로 제작해보겠습니다.

일러스트레이터 화면을 켜고, 왼쪽 새 파일 버튼을 클릭합니다.

사이즈는 1000px*1000px로 설정하고, 오른쪽 하단 만들기 버튼을 클릭합니다.

대지 화면이 나오면 왼쪽 도형 도구 → 원형 도구를 클릭해서 원을 만듭니다. 원은 4개 정도 만들고, 크기는 랜덤하게 만듭니다. 이는 빵 모양을 만들기 위한 작업입니다.

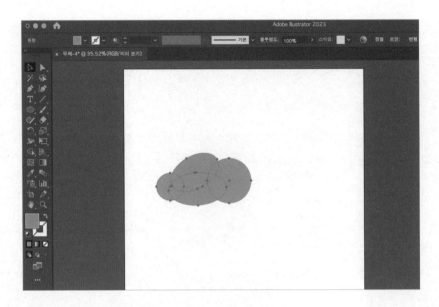

빵 위쪽 모양이 둥글둥글하고 불규칙한 느낌이니, 원형 도형으로 shift 버튼을 누르지 않고 비정형적으로 4개를 제작하였습니다. 흰색이면 눈으로 잘 보이지 않을 듯해 왼쪽 상단에서 빵 색깔과 비슷한 컬러로 넣어보았습니다.

다음은 만든 원을 모두 선택 도구 클릭 후 전체 드래그하여 지정하고, 왼쪽에서 도형 구성 도구 버튼을 클릭한 다음, 전체 드래그한 도형의 모든 선을 지운다는 느낌으로 이동합니다.

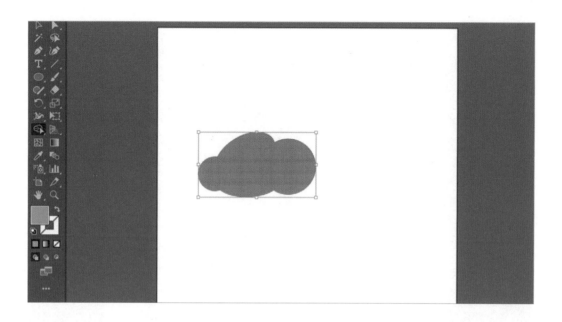

그러면 여러 개로 겹쳤던 원형 도형이 하나의 모양으로 합쳐지는 것을 확인할 수 있습니다. 선택 도구 버튼을 클릭하면 해당 작업이 종료됩니다.

빵의 갈라진 부분을 표현하기 위해 왼쪽 도구창에서 펜 도구를 사용해 삼각형 3개를 제작했습니다.

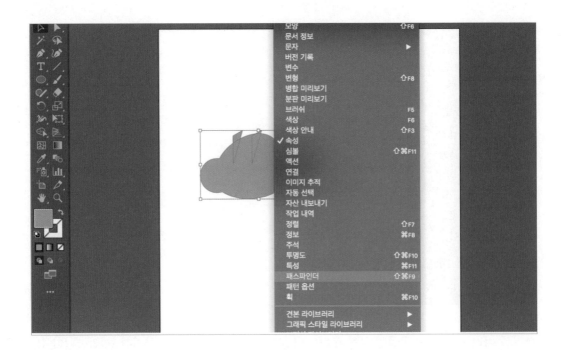

상단 윈도우 → 패스파인더 버튼을 클릭합니다.

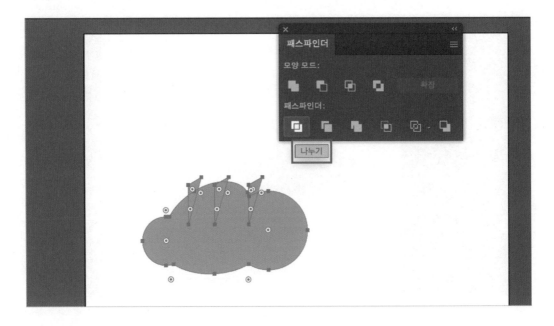

나누기 버튼을 클릭합니다.

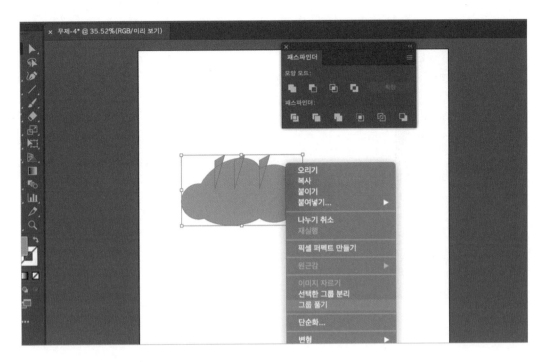

오른쪽 버튼과 그룹 풀기 버튼을 차례로 클릭하고 선택 도구 버튼을 클릭한 다음 겹쳐진 부분을 이동시킵니다.

화면과 같이 일부분 이동되는데, 나머지 부분도 이동시킵니다.

이동시킨 부분은 Delete 버튼으로 제거합니다.

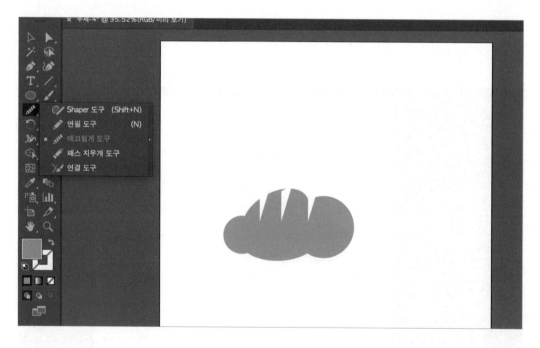

다음은 선 부분을 왼쪽 도구창에서 매끄럽게 도구를 클릭합니다. 이때 매끄럽게 도구를 사용하려면 선택 도구(단축키 v) 버튼을 눌러서, 말 그대로 매끄럽게 할 도형을 클릭 후 매끄럽게 도구를 클릭해서 사용해야 합니다.

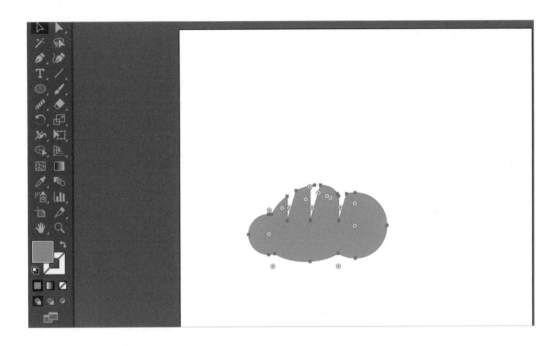

선택 도구로 매끄럽게 할 빵 모양을 클릭합니다.

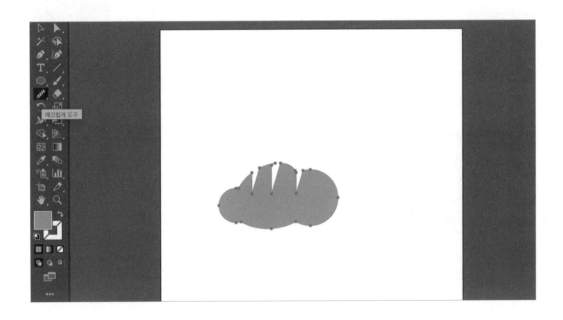

다음 매끄럽게 도구를 클릭하고 도형 모양의 점들을 다듬습니다. 이때, 쓰다듬는다는 느낌으로 매끄럽게 도구를 사용하면 선들이 약간 부드러워지는 것을 볼 수 있습니다.

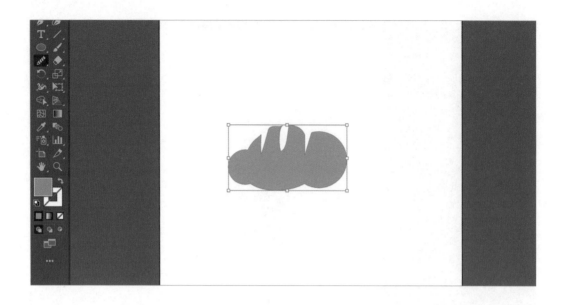

빵 모양을 완성하였습니다. 다음은 빵모자를 만들어보겠습니다.

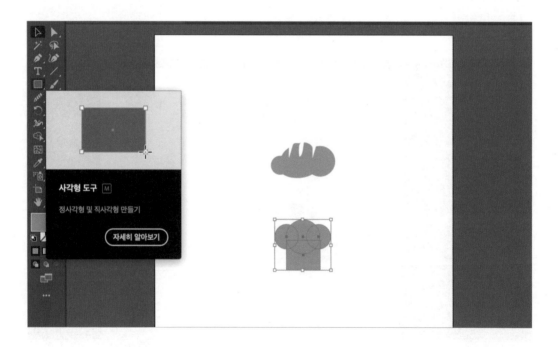

이미 도형 도구는 앞선 실습으로 익숙해졌을 것으로 여기고, 왼쪽 도형 도구창에서 원형 도구로 원형 3개와 사각형 도구 1개를 제작합니다. 위치는 모자처럼 화면과 같이 지정합니다.

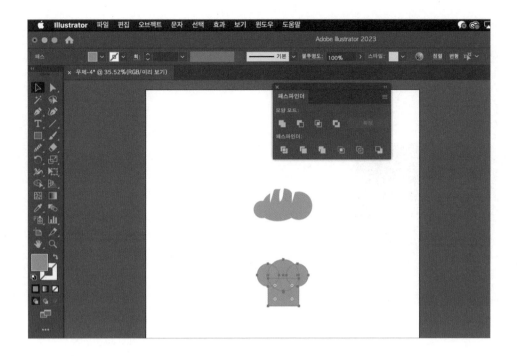

제작한 원형 3개와 사각형1개를 드래그하고, 상단 메뉴창에서 윈도우 → 패스파인더 → 병합
버튼을 클릭하여 하나의 도형으로 합칩니다.

모자도 완성하였습니다.

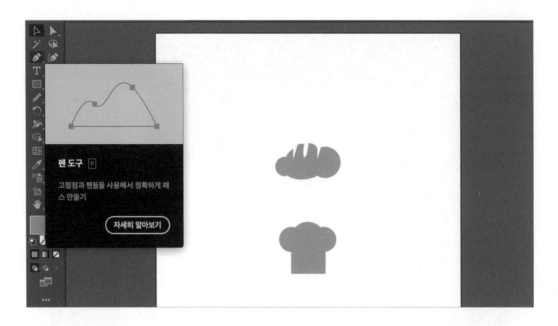

빵모자의 느낌을 좀 더 살리기 위해 모자 끝부분에 선으로 라인을 그려보겠습니다. 왼쪽 도구 창에서 펜 도구를 클릭합니다.

펜 도구 클릭 후 왼쪽에서 오른쪽으로 선 하나를 만듭니다. 이때 선으로 만들려고 보니 계속 따라다니는 선이 보입니다. 신경쓰지 말고 왼쪽 상단 선택 도구(단축키 v) 버튼을 클릭해서 선으로만 만듭니다.

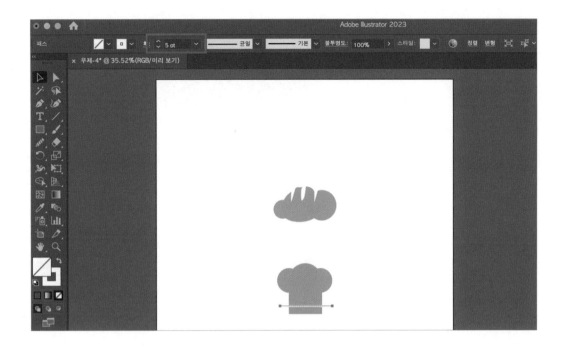

다음은 왼쪽상단에 획(선) 부분에서 두께를 5pt 정도 키웁니다.

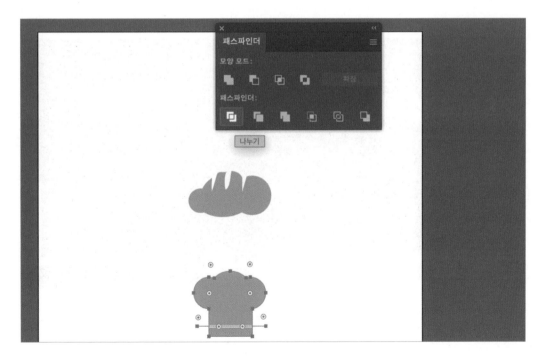

상단 윈도우 → 패스파인더 → 나누기 버튼을 클릭합니다.

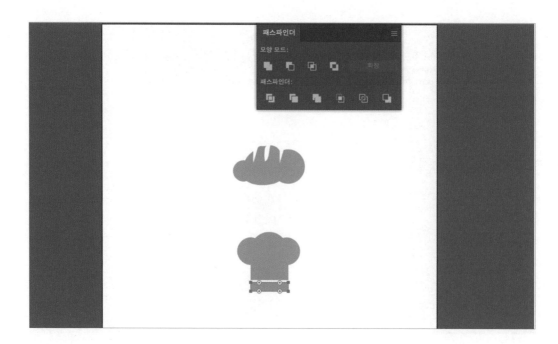

빵모자가 나뉜 것을 볼 수 있습니다. 선이 약간 희미한 듯하여 아래 나뉜 사각형 도형을 클릭하고 약간 아래로 옮겼습니다.

폰트를 다운로드하겠습니다. 눈누 접속 후 폰트를 고릅니다. 필자는 코트라 희망체를 사용해보겠습니다.

라이선스 요약표

카테고리	사용 범위	허용여부
인쇄	브로슈어, 포스터, 책, 잡지 및 출판용 인쇄물 등	O
웹사이트	웹페이지, 광고 배너, 메일, E-브로슈어 등	O
영상	영상물 자막, 영화 오프닝/엔딩 크레딧, UCC 등	O
포장지	판매용 상품의 패키지	O
임베딩	웹사이트 및 프로그램 서버 내 폰트 탑재, E-book 제작	O
BI/CI	회사명, 브랜드명, 상품명, 로고, 마크, 슬로건, 캐치프레이즈	O
OFL	폰트 파일의 수정/ 복제/ 배포 가능. 단, 폰트 파일의 유료 판매는 금지	X

하단으로 스크롤을 내려서 BI/CI 라이센스를 확인하니 허용 가능으로 나옵니다. 다시 상단으로 올라와서 다운로드 페이지로 이동하여 폰트를 설치합니다.

위 화면은 맥에서 설치하는 방법이고, 윈도우는 약간 차이가 있습니다.

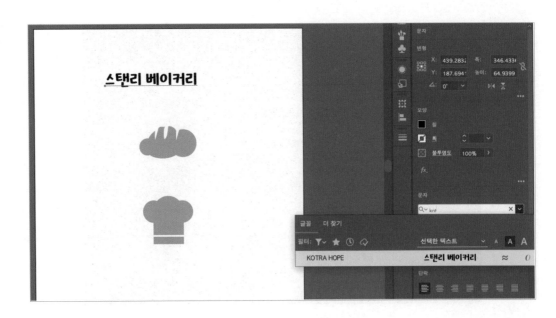

폰트 설치를 완료했다면 다시 일러스트레이터 화면으로 돌아와서 왼쪽 문자 도구로 문자를 만들고, 상호 이름을 변경한 다음, 다운로드한 폰트를 오른쪽 화면에서 검색 후 변경합니다.

폰트의 사이즈를 조금 더 키웠고, 가운데로 위치를 배치하였습니다.

다음은 원형 테두리를 만들어보겠습니다. 왼쪽 도형 도구창을 꾹 눌러서 원형 도구를 선택하여 원을 제작합니다.

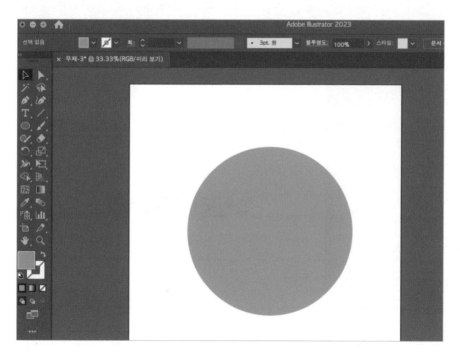

가운데에 배치하고 왼쪽 하단에 있는 선과 칠 교체 버튼을 클릭합니다.

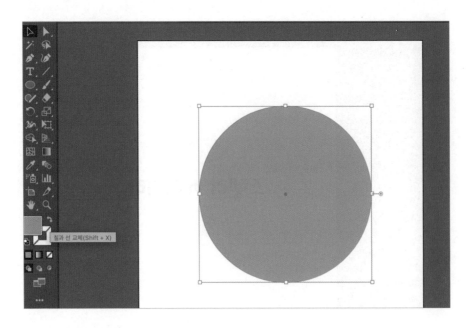

그러면 칠(면)은 색상이 없고, 선만 색상이 있는 원이 만들어집니다.

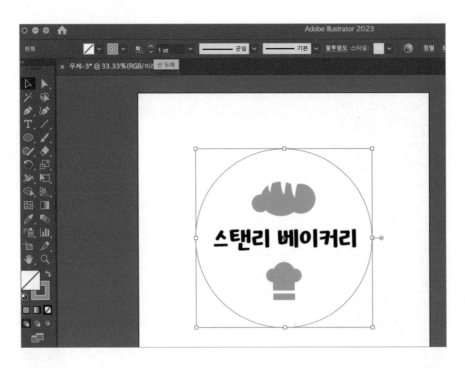

다음은 상단 획에서 두께를 10pt 정도로 키워줍니다. 획은 선으로 불리기도 합니다. 면은 칠, 획은 선이라고 보면 됩니다.

다음은 같은 원을 하나 더 만듭니다. 복사하는 방법은 Alt 버튼을 누른 상태에서 마우스 왼쪽
버튼을 클릭, 드래그하면 원이 복사됩니다. 원을 가운데로 정렬하려면 오른쪽에 가로 가운데
정렬 버튼과 세로 가운데 정렬 버튼을 누르면 됩니다.

안쪽에 있는 원을 활용해서 둥근 라인의 폰트를 만들어보겠습니다. 왼쪽 문자 도구를 꾹 누르
고 패스 상의 문자 도구 버튼을 누른 뒤 가운데 원에다 클릭합니다.

그러면 화면과 같이 문장이 나오는데, 반복되는 문장을 지우고 베이커리 전문점이라고 써보겠습니다.

다음은 폰트 크기를 키웁니다. 파란색 원 라인 하단을 보면 선 하나가 보이는데, 그 선으로 돌리면 폰트 위치가 원형을 기준으로 돌아갑니다. 이때 위치는 가운데로 잡아줍니다.

텍스트는 위에서 둥근 모양으로 아니고, 아래에서 둥근 모양으로도 가능합니다.

방법은 아까 이야기한 대로 파란색 라인을 클릭한 뒤 안쪽 원으로 드래그하면 폰트 위치가 안
쪽으로 들어갑니다. 그러면 화면과 같이 아래쪽으로도 둥글게 폰트를 만들 수 있습니다.

다음은 아래에 배치한 베이커리 전문점 폰트의 자간을 넓혀보겠습니다. 오른쪽에서 자간을 클릭하고 200으로 조정해보겠습니다.

화면과 같이 만들어졌습니다. 마지막으로 왼쪽에 있는 펜 도구를 활용해서 스탠리 베이커리 양 옆에 라인을 만들어보겠습니다. 펜 도구를 클릭하고 첫 번째 점을 클릭하고 두 번째 점을 클릭한 다음 선으로만 만들려면 왼쪽 상단 검정색 마우스 아이콘인 선택 도구 버튼을 클릭하면 선으로만 제작됩니다. 도형으로 제작하고 싶다면 선과 선이 만나면 도형으로 인식된다는 점을 기억하면 됩니다.

선에 색상이 없고 면에 색상이 있으니, 왼쪽 하단 선과 칠 교체 버튼을 누릅니다.

Alt 버튼을 누른 상태에서 왼쪽 버튼을 클릭하여 복사합니다.

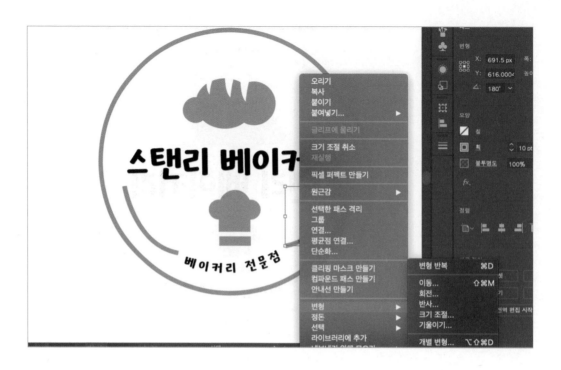

복사된 선을 반대 방향으로 뒤집기를 원하면 선을 클릭 후 왼쪽 버튼 클릭해서 나오는 도구창에서 변형 → 반사를 누르면 반대로 뒤집어져서 나옵니다. 베이커리 빵집 로고 제작을 완료하였습니다.

일러스트레이터에서 사용하는 여러 도구 가운데 대략 열 가지 정도의 도구를 사용해서 다양한 형태의 로고를 제작해보았습니다. 이 책에서는 비전공자도 로고를 빠르게 제작하고, 본인이 직접 사용하거나 저렴한 가격부터 판매를 할 수 있게끔 바로 로고를 만드는 과정을 살펴보았습니다. 현업에서 로고를 만들 때는 제작에 앞서 기업에 대한 아이덴티티 조사와 경쟁사 분석 등 리서치를 충분히 하고 창업자와 직원 인터뷰를 하면서 디자인 이외에 다양한 요소들을 고려하고 기획합니다. 그 다음에 아이덴티티에 맞는 심벌이나 폰트들을 활용해서 로고를 제작하게 됩니다. 그래서 로고 디자이너는 단순하게 디자인 결과물을 만들어내는 사람이 아닙니다. 어떤 과정을 거쳐서 어떤 생각으로 고객이나 기업 내부에 보이도록 로고가 디자인되었는가 평가받으며 좋은 디자인은 더 비싼 비용으로 거래됩니다. 그렇게 선택된 로고가 고객에게 인식되었을 때 몇 배에서 몇 백 배까지 서비스와 상품 가치를 극대화할 수 있는 브랜드 이미지를 만들 수 있기 때문입니다.

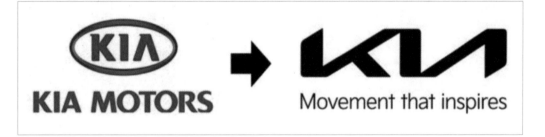

국내 대표적인 사례는 기아자동차 로고를 들 수 있습니다. 과거 기아자동차 로고는 단순히 자동차에 국한되어 로고를 사용했던 것으로 볼 수 있는데, 모빌리티 기업으로 브랜드를 확장하기 위해 리브랜딩을 진행했습니다. 새롭게 바꾼 로고에만 엄청난 비용이 들었습니다. 지금 독자들이 만드는 로고가 별것 아닌 듯 보일 수 있고, 어쩌면 단순해 보일 수도 있지만 한 기업의 얼굴이자 한 기업의 가치관 등 많은 요소를 담고 있습니다.

5.5 로고 디자인 제작 팁

📍 로고 디자인을 다양한 곳에서 이용 가능하게 구성하기

로고를 제작했다면 고객이 로고를 어디에 사용할지 알아야 합니다. 어디에 사용할지 알아냈다면 고객이 편하게 우리의 로고를 사용할 수 있게 재구성해서 공유하는 것이 좋습니다.

초기에 공유했던 프랜차이즈 매장 디자인입니다. 로고 디자인부터 시작했다가 매장 전체에 들어가는 디자인까지 맡게 되었습니다. 이 과정에서 초기에 제작했던 로고를 배치하여 일러스트레이터로 간판 형태를 만들어 간판 업체에 보내기도 했고, 명함을 제작하여 로고를 활용해 명함 디자인도 진행했습니다. 그러면서 초기엔 단순하게 로고만 고객에게 제공하고 마무리했다면, 실제로 사업하는 현장의 디자인을 해보니 내가 제작한 로고를 어디에 사용할지 알아내고 거기에 맞게 약간의 수정을 더해서 필요한 용도에 맞게 로고를 제공한다면 고객도 편리함을 느끼고 나 또한 그러한 감각을 훈련하면서 더 좋은 로고 디자이너로 성장할 수 있다는 사실을 깨닫게 되었습니다.

📍 고객에게 제작한 로고를 파일로 제공할 때

고객과의 거래가 성사되고 로고 디자인이 최종 확정되었을 때 어도비 일러스트레이터에서 제공하는 AI 파일 이외에 PNG 파일 JPG 파일을 함께 제공하면 좋습니다. PNG 파일은 투명 이미지 파일이라 배경이 투명하게 제작되어 웹페이지에 로고를 활용할 때 용이하게 활용할 수 있습니다. JPG 파일은 PNG 파일보다는 용량이 조금 더 큽니다. 화질이 좀 더 좋다고 이해하시면 됩니다. JPG 파일은 배경이 투명할 필요가 없는 로고를 전달하는 용도로 쓰입니다.

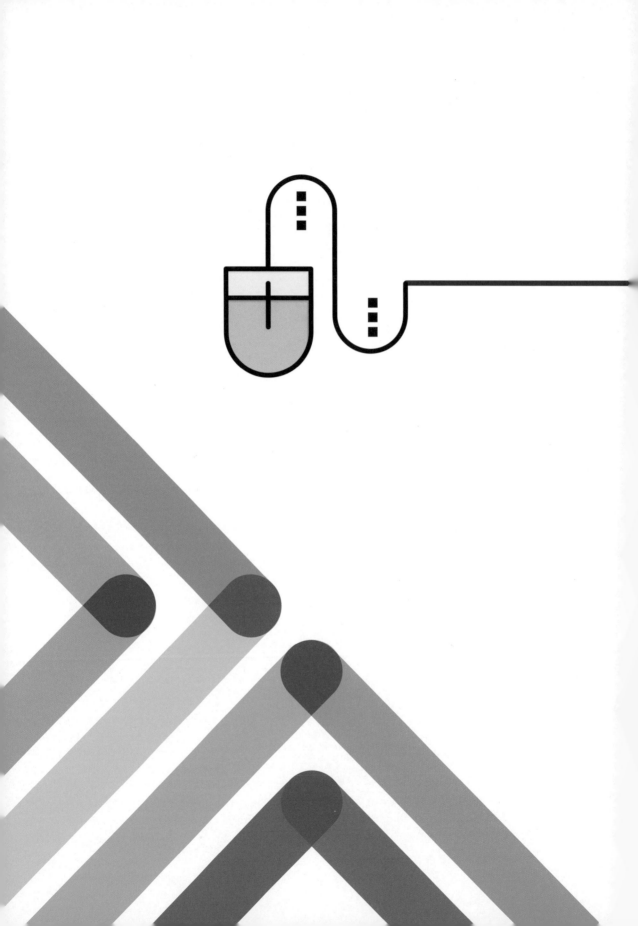

실전! 로고 판매 시 준비할 것들

CHAPTER 06

실전! 로고 판매 시 준비할 것들

로고를 만들 기초적인 준비가 되었다면, 이제 실제적으로 로고 판매에 대해 알아보겠습니다. 판매할 수 있는 방법은 초반에 설명했던 재능마켓 외에도 지인을 통한 판매도 있습니다. 또한 필자의 경우 재능마켓보다 오히려 SNS에서 더 잘 판매가 되었던 경험도 있습니다.

6.1 클라이언트에게 작업지시서 받기

📍 클라이언트에게 받아야 할 정보들

수많은 로고 디자이너가 각자 여러 방식으로 로고 디자인을 진행하겠지만, 필자가 경험한 과정을 공유하겠습니다.

고객 상담 〉 결제 〉 로고 제작 〉 수정 〉 원본 파일 발송

위와 같은 방식으로 진행됩니다. 재능마켓이나 온라인에서 진행할 때는 아무래도 다음 잠재 고객이 구매를 결정할 때 리뷰를 많이 참고합니다. 국내 대표적인 재능마켓인 크몽 같은 경우, 구매 확정을 남겨야 결제 금액을 받을 수 있기 때문에 필자의 경우 다음과 같은 프로세스로 진행합니다.

고객 상담 〉 결제 〉 로고 제작 〉 수정 〉 구매 확정 및 리뷰 〉 원본 파일 발송

첫 번째 방식이나 두 번째 방식 모두 초기 공통점은 고객 상담입니다. 개인적으로 수많은 로고를 제작하면서 느낀 점은 고객의 니즈를 초기에 가장 많이 파악하고 상담하는 것이 실제 로고

를 제작하고 난 뒤에 소통을 하며 수정해서 제작하는 것보다 훨씬 좋다는 것입니다.

〈디자인 요청서〉

로고(CI/BI) 브랜드명	
브랜드 의미	
업종	
선호 컬러	
타겟층 성별 및 나이	
로고에 담고 싶은 이미지	
강조하고 싶은 주제	
로고타입(해당사항에 V 체크해주세요)	
① 워드마크/로고타입	
② 심볼/브랜드마크	
③ 시그니처	
④ 엠블럼마크	
⑤ 디자이너 추천	
제작 스타일 예시 첨부	

고객은 자신이 어떤 디자인을 원하는지 알지 못합니다. 그렇기에 우리는 고객이 어떤 디자인을 원하는지 생각하게 만들어야 합니다. 그래서 필자는 고객 응대 시 준비해둔 자료가 있습니다. 사전에 고객에게 로고를 한글로 만들 것인지 혹은 영어로 만들 것인지부터, 만드는 로고가 어디에 사용되는지 어떤 고객층에 노출되는지 등 디테일한 요소들을 질문하여 정보를 수집합

니다. 앞의 디자인 요청서에 필자가 작성해둔 내용들 외에도 고객에게 필요한 질문들이 있다면 추가로 작성하여 고객과 공유하는 것도 좋은 방법일 듯합니다.

6.2 작업 전 안내사항

◉ 날짜와 금액에 관한 내용을 명확하게 명시하라

로고 디자인을 판매하는 과정에서 필자가 초기에 겪었던 시행착오가 있었습니다. 간혹 연령대가 높은 고객들 중 메시지로 대화를 주고받기보다는 편의성을 위해 통화를 요청하는 경우가 있었습니다. 필자도 초기에는 이러한 부분에 대해 잘 몰랐기 때문에 전화를 받아서 응대했는데, 여기에는 단점이 있습니다. 통화상 내용을 전부 필자가 기억하기에 어려움이 있고 통화 이후 내용을 복기하며 적는 부분에도 어려움이 뒤따랐습니다. 이런 어려움을 해결하면서 동시에 고객에게 객관적인 자료들을 받아내기 좋은 방법은 고객이 조금 불편해하더라도 이해를 구하고 메시지로 받는 것이었습니다. 규모가 있는 금액의 경우에는 계약서를 쓰고 작업을 진행하지만 그렇지 않는 경우라 하더라도 내용을 확인했는지, 언제까지 제작해드려야 하는지, 로고 디자인을 제작하고 난 뒤 수정사항이 있으면 수정을 최대 몇 번 정도 진행해드리는지 등 디테일한 부분에 대해서도 메시지로 의견을 교환하여 일종의 근거자료를 확보합니다. 작업 중간에 의뢰 내용을 바꾸는 고객들도 있고, 사전에 의사소통 나누지 않은 추가 사항이 발생하는 등 다양한 변수들이 생기기 때문입니다. 이러한 일을 사전에 방지하기 위해서라도 통화보다는 메시지가 더욱 효율적입니다.

◉ 환불기준을 정하고 사전에 안내하라

클라이언트는 정말 다양합니다. 필자가 개인적으로 겪었던 클라이언트 중에 비슷한 상황에서 비슷하게 반응하는 분들이 있었는데, 그 이슈는 바로 환불에 관한 일이었습니다. 필자는 디자인 스킬을 향상시킬 겸 고객이 만족할 때까지 응대를 진행하는 편이었습니다. 그럼에도, 필자가 제작한 로고 디자인에 명확한 이유 없이 일방적인 환불 요청을 하는 고객이 가끔 있었습니다. 필자에게는 나름의 판별 방법이 한 가지 있습니다. 그것은 바로 다른 곳에서 로고 디자인을 했는데 마음에 들지 않아 필자에게 맡기는 거라고 말하는 경우입니다. 이런 경우 필자의 로고 디자인 역시 그 클라이언트의 마음에 들지 않을 가능성이 높다고 판단되기 때문에 사전에 정해 놓은 환불기준을 메시지로 남기고 충분히 이해시킨 다음 거래를 진행합니다. 참고로 재능마켓의 경우 20퍼센트의 수수료를 가져가는데, 만일 내 로고 디자인이 1만 원에 판매됐다고 하면 그중 8천 원이 진짜 내 수익이라는 뜻입니다. 그러면 이 금액에서 스스로 정한 환불기준 대로 환불해 드리겠다고 하면 됩니다. 예를 들어 "수수료가 20퍼센트인데 그걸 제외하고 50퍼센트의 금액을 환불해드리겠습니다" 하는 식으로 안내하면 됩니다.

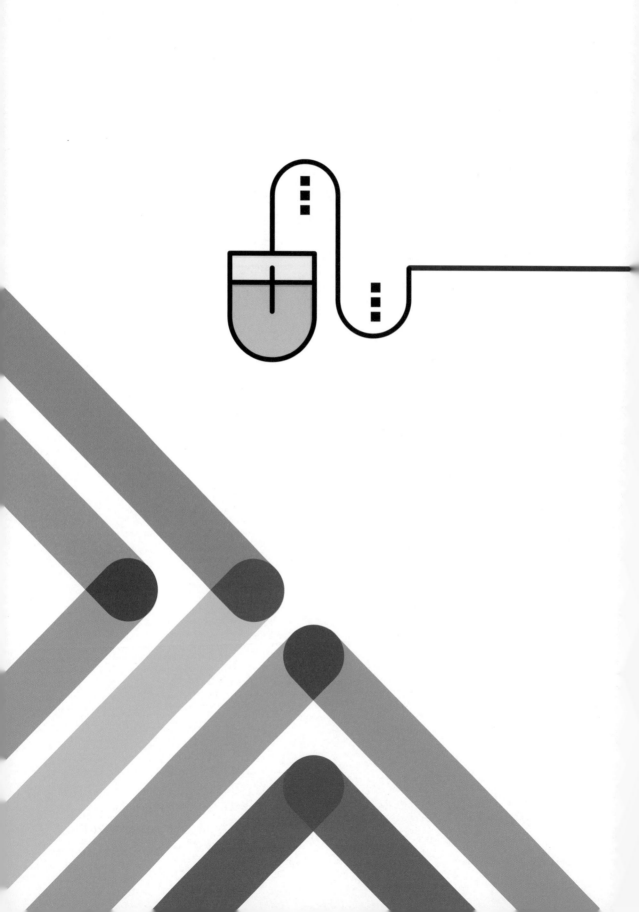

CHAPTER 07

퍼스널브랜딩하기

퍼스널브랜딩하기

7.1 퍼스널브랜딩이 필요한 이유

로고 디자인을 하는데 왜 굳이 퍼스널브랜딩이 필요하냐고 물어보는 분들이 있을 듯합니다. 퍼스널브랜딩을 하면 내 실력 + 이름값이 생깁니다. 이는 수익을 창출시킬 수도 있습니다. 또한 퍼스널브랜딩이 되면 내가 필요로 하는 고객이 아니라 나를 필요로 하는 고객을 온오프라인에서 만날 수 있는 장점이 있습니다. 먼저, 퍼스널브랜딩의 의미를 살펴보겠습니다. 퍼스널(personal)은 말 그대로 사람이라는 뜻입니다. 그리고 브랜딩(branding)은 용어 정의가 어려울 수 있지만 일단 단어 자체를 보면 브랜드(brand)에 -ing가 더해진 단어입니다. 그렇다면 브랜드는 무엇일까요?

브랜드는 우리에게 정말 익숙한 단어이자 이미 수많은 전문가가 정의해놓은 단어이기 때문에 어렵게 생각할 필요 없이 위키백과에서 검색해보았습니다.

"브랜드는 어떤 경제적인 생산자를 구별하는 지각된 이미지와 경험의 집합이며 보다 좁게는 어떤 상품이나 회사를 나타내는 상표, 표지이다. 숫자, 글자, 글자체, 간략화된 이미지인 로고, 색상, 구호를 포함한다. 브랜드는 특히 기업의 무형자산으로 소비자와 시장에서 그 기업의 가치를 상징한다. 마케팅, 광고, 홍보, 제품 디자인 등에 직접 사용되며, 문화나 경제에 있어 현대의 산업소비 사회를 나타내는 중요한 요소이기도 하다." [위키백과 참고]

이런 정의를 읽다 보면 이런 생각이 듭니다. "무슨 말이지?" 조금 더 쉽게 예를 들어 설명해보겠습니다.

애플을 떠올리면 곧장 사과 모양이 연상됩니다. 그것이 바로 브랜드입니다. 그렇다면 브랜딩은 뒤에 -ing가 붙어있으니, 애플로 치면 애플이 살아 움직이는 느낌일 겁니다. 물론, 실제로 살아 움직이는 것은 아닙니다. 애플이라는 브랜드에 노트북이나 스마트폰이라는 상품과 함께 브랜드가 붙어있으니 사람들은 애플이라는 브랜드를 보면서 노트북이나 스마트폰을 사용할 때 느끼는 경험을 통해 애플이라는 브랜드를 정의하게 됩니다. 어떤 사람은 애플 스마트폰에 대한 경험이 좋기 때문에 애플이라는 브랜드에 대해 좋게 생각할 것이고, 어떤 사람은 애플 노트북에 대한 경험이 좋지 않기 때문에 애플이라는 브랜드에 대해 좋지 않게 생각할 수도 있을 겁니다.

퍼스널브랜딩도 이와 같은 원리라고 이해하면 좋습니다. 스탠리라는 브랜드가 있고, 상품과 같은 몸통, 즉 신체가 있는 것입니다. 외부 사람들이 그 신체를 통해 경험하는 모든 것이 퍼스널브랜딩이라고 생각해도 무리가 없을 듯합니다. 브랜드 예시를 든 것과 비슷하게 예시를 들어보자면 어떤 사람은 스탠리라는 브랜드가 붙은 신체와 대화하면서 좋은 경험을 했기 때문에 스탠리라는 브랜드에 대해 좋은 기억을 가지고 있고, 또 어떤 사람은 스탠리라는 브랜드가 붙은 신체와 대화하면서 나쁜 경험을 했기 때문에 스탠리라는 브랜드에 대해 좋지 않은 기억을 가지고 있다는 뜻입니다.

이렇게 퍼스널브랜딩은 '나라는 이름을 가진 브랜드가 신체를 가지고 활동하는 모든 활동'을 의미합니다. 퍼스널브랜딩에 대해 나름의 정의를 했다면 다시 로고 디자이너 관점으로 돌아와서 이야기해보겠습니다.

우리는 오프라인에서 일일이 사람들을 만나서 로고 디자인을 원하는 사람들을 모집하지 않습니다.

우리는 주로 온라인에서 사람들과 만나서 소통하고 로고 디자인을 원하는 사람들을 모집합니다. 그렇기에 로고 디자인을 하는 사람들은 온라인에서 퍼스널브랜딩을 해야 합니다. 그렇다면 퍼스널브랜딩의 장점은 무엇일까요? 세 가지로 정리해보겠습니다.

① 호감이 생긴다

온라인이든 오프라인이든, 특정 사람을 자주 보면 눈에 익습니다. 사람은 온라인이나 오프라인이나 동일합니다. 퍼스널브랜딩을 하는 방법에 대해서 차후 이야기하겠지만, 나에 대해서 그리고 내가 어필해야 할 로고에 대해서 잠재 고객들에게 지속적으로 이야기하고 노출시키면 유명 디자이너나 디자인 기업 못지않게 기억되는 순간이 생기고, 궁금증을 가질 수 있습니다.

② 신뢰가 생긴다

꾸준하게 퍼스널브랜딩에 대해서 어필하다 보면 그 꾸준함으로 인해서 기업이나 사람에 대한 신뢰가 생기게 됩니다. 365일까지는 아니더라도, 쉬는 날은 제외하고 200일정도 어필했다면 아무런 행동도 하지 않은 디자이너나 다른 디자인 기업들에 비해서 잠재 고객들은 그 꾸준함으로 우리 로고에 대한 신뢰를 조금이나마 가지게 만들 수 있습니다.

③ 관계가 형성된다

사업이나 장사를 할 때도 내가 어떤 비즈니스를 하는 사람인지 알고 있는 사람과의 신뢰와 호감이 형성되면 자연스럽게 그 사람은 본인이 필요할 때 나에게 일을 맡길 수도 있고, 그렇지 않더라도 주변에 나에 대해 소개를 시켜줄 수도 있습니다. 특히 관계를 중요시하는 국내의 경우는 이러한 네트워크가 필요합니다.

하지만 이렇게 퍼스널브랜딩에 대한 장점을 이야기해도 너무 추상적일 듯합니다. 그래서 이 책에서는 독자들이 온라인 퍼스널브랜딩을 할 수 있도록 구체적으로 활용 가능한 네 가지 방법을 정리해보았습니다.

① 로고 디자인을 시작할 때부터 지금까지의 굵직한 스토리들을 글로 정리하라

로고 디자이너를 꿈꾸거나 로고 디자인을 직접 만들어보고자 하는 독자에게는 자신만의 여러 스토리가 있을 것으로 생각합니다. 이 일련의 여러 기억들을 '순서대로 정리해서 작성'해보는 겁니다. 한 번에 정리하는 것이 가장 좋은 방법이지만, 다른 일을 병행하느라 시간이 없다면 전체 기억을 떠올리고 큼직한 기억들과 로고 디자인을 배우고 만들어본 여러 과정 중 좋았던 기억들 그리고 안 좋았던 기억들을 부분적으로 정리해둡니다.

이때 좋은 방법 중 또 한 가지는 사진과 함께 스토리를 정리하는 것입니다. 물론 사진으로 활용할 수 있는 콘텐츠가 있고 그렇지 않은 콘텐츠가 있지만, 온라인으로 퍼스널브랜딩을 할 때는 일단 사진과 글이 중요한 요소가 됩니다. 이유는 온라인으로는 듣거나 냄새를 맡을 수 없으니 글을 읽거나 사진을 보거나 하는 등으로 전개하기 때문입니다. 꼭 로고 포트폴리오가 아니어도 괜찮습니다.

② 두려워하지 말고 어떤 SNS든 꾸준히 스토리를 이야기하라

SNS 채널을 모르는 사람들은 없습니다. 주변에 "나 인스타그램 시작했어."라고 말했다고 해서 "우와, 너 인스타그램해? 멋있다!"라고 이야기를 들을 확률은 매우 적습니다. 이미 수많은 사람이 SNS를 하고 있기 때문입니다. 그렇다고 다들 하고 유명한 사람이 많기 때문에 나는 SNS를 하지 말아야 할까요? 그런 것도 아닙니다. 왜냐면 대한민국에서 SNS를 하는 사람은 많아도 꾸준히 하는 사람은 의외로 그렇게 많지 않고, 자신의 이야기를 푸는 사람들도 생각보다 적기 때문입니다. 결론은 이 글을 보는 지금부터 바로 SNS를 활성화하고 로고 디자이너가 된 이야기와 로고를 만들게 된 계기에 대해 풀어야 한다는 뜻입니다. 또 모를 일이죠. 잠재 고객이 내가

SNS에 올린 글을 보고, 호기심을 가지고, 로고 디자인을 의뢰할지 말입니다.

③ 다른 분야의 사람들과 네트워킹하라

SNS의 본질은 소셜네트워크서비스, 즉 사회관계망을 형성시키는 도구입니다. 이 본질적인 원리를 인지하고 SNS를 하는 것과 본질을 모르고 SNS를 하는 것과의 차이는 엄청납니다. 오프라인에서도 내가 인지도가 없으면 나에게 먼저 인사를 하지 않는것과 같은 이치로 온라인, 즉 SNS에서도 내가 인지도가 없으면 나에게 먼저 와서 내 글을 절대 보지 않습니다. 그렇기에 상대방의 글을 보고 느낀 점을 댓글로 달면서 대화하고 좋아요를 통해서 호감을 표시하는 행위를 수행해야 합니다. 그렇게 관계망을 형성해나가는데, 여기서 중요한 점은 로고 디자이너라고 해서 로고 디자이너들과만 네트워킹을 만들 필요는 없다는 것입니다.

여러 다양한 분야에 잠재 고객들과 네트워킹을 형성하고 퍼스널브랜딩을 한다면 여러분의 이야기를 보고 좋은 관계를 맺은 다양한 직군의 사람들이 로고 디자인을 만드는 독자들과 로고를 좋게 평가할 것입니다. 물론 실력은 기본이겠죠.

④ 내가 로고 디자인 스토리를 이야기하면 나도, 내가 만드는 로고도 브랜딩된다.

나를 퍼스널브랜딩하면 나만 좋은 거 아닌가? 내 이야기만 풀어낸다면 외부에서 그렇게 보일 수도 있을 것 같습니다. 하지만 로고 디자이너가 된 이야기가 외부 다른 사람들이 봤을 때는 '로고 디자인을 만들면서 이런 식으로 일을 하고 있구나' 하고 느끼고, 로고를 만든 독자와 로고 디자인에 대한 이미지가 상승될 것이라고 생각합니다. 이야기가 누적되고 관계를 형성해나간다면, 그 과정에서의 브랜딩을 통한 이미지로 로고 디자인을 판매하거나 제휴를 맺을 때 분명 도움이 될 것으로 여깁니다.

필자의 경우, 직접 영업하는 경우도 있지만 일정 시간이 지나 브랜딩이 되니 주변에 마케팅 업체 대표들 가운데 영업을 하는 대표들 혹은 인맥이 좋은 대표들이 초기에 의뢰를 하고, 일회성에 그치는 것이 아니라 필자에 대해 좋게 이야기하면서 주변에 로고 디자인이 필요한 다른 대표들에게도 입소문을 내주는 경험을 할 수 있었습니다. 마지막으로 퍼스널브랜딩에 대해 네 가지로 정리해보겠습니다.

1. 이름과 콘셉트 정하기

    - 퍼스널브랜딩에 가장 기본적인 이름 짓기와 콘셉트 정하기

2. SNS 채널 개설하기

    - 페이스북, 인스타그램, 유튜브, 블로그 등

3. 스토리로 이야기하기

    - 솔직한 성장과정을 이야기하라!

4. 관계 맺기

    - 오프라인에서 친구 사귀듯이 온라인 친구를 사귀어라!

찾아보기

일러스트레이터로 나만의 로고 디자인 만들기

출간일 | 2023년 4월 17일 | 1판 1쇄

지은이 | 이규동
펴낸이 | 김범준
기획 | 이동원
책임편집 | 이동원, 최규리
교정교열 | 최현숙
편집디자인 | 이승미
표지디자인 | 디자인 산타클로스(@design.santa)

발행처 | 비제이퍼블릭
출판신고 | 2009년 05월 01일 제300-2009-38호
주소 | 서울시 중구 청계천로 100 시그니처타워 서관 9층 949호
주문/문의 | 02-739-0739   **팩스** | 02-6442-0739
홈페이지 | bjpublic.co.kr   **이메일** | bjpublic@bjpublic.co.kr

가격 | 25,000원
ISBN | 979-11-6592-216-0(93000)
한국어판 ⓒ 2023 비제이퍼블릭